発達障害の子どもとつき合う本

圖解

穩定孩子的情緒，提升生活自理能力

ASD 亞斯伯格
ADHD 學習障礙 正向教養

資深特殊教育專家
日本淺羽SQUARE負責人
淺羽珠子 ◎著

臺北市立聯合醫院中興院區
兒童發展評估療育中心主治醫師
翁菁菁 醫師 ◎審定

王薇婷 ◎譯

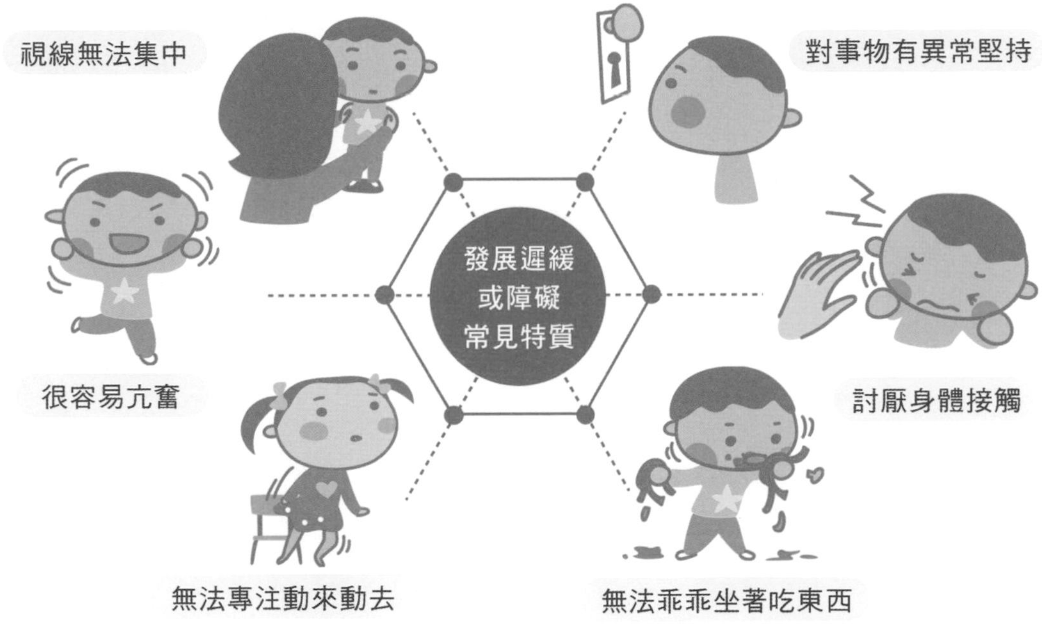

媽媽！媽媽！這不是教養的問題！
是我的教育方式有問題嗎？

不要一味責備，而是指示孩子做下一個動作。

想促進認知發展，最重要的就是讓孩子有想自己動手做做看的念頭。

第4章 為了能好好控制情緒 091

突然拍手的話，會讓原本專注於習題的孩子，因刺激過大而陷入恐慌。

第5章

家有發展遲緩兒的家長心態 113

對孩子來說，積木不一定是要用堆的。
盯著看或讓它在地上滾，都算是一種積木遊戲。

【推薦序1】

鄒國蘇／臺灣兒童青少年精神醫學會專科醫師暨監事
台北市立聯合醫院兒童發展評估療育中心前主任

孩子的療育需長期持續，三方合作必有成效

發展遲緩兒童中，有一部分孩子是屬於發展障礙——自閉症類群（包括亞斯伯格症）障礙症、注意力不足過動症、智能障礙、語言障礙、學習障礙等。他們的遲緩多少都會持續到長大。在幼兒期也常展現出較多方面、較棘手的困擾。這些孩子的療及育皆需長期的持續，是相當不容易的。

本書作者淺羽珠子，身為幼教老師，因緣際會投入了較嚴重的發展遲緩兒童的教育。她的熱忱、堅持、摸索，讓這些遲緩程度較明顯的自閉症、過動症、智障兒、唐氏症孩子得到了有效、充滿善意愛心的幫助，她提出清晰、簡單、實際、生活化的教學及行為情緒處理技巧，也可供有這類孩子的家長們參考學習。

另外，她的一些發現及觀點令人深有同感。如：強調對發展遲緩兒童教育首要是「打造親子之間適合的溝通方式」及「讓孩子學會調節自己的情緒，以便融入社會」。同時，在教導孩子時，「重要的是在過程中能激發孩子的學習動力，讓孩子感受樂趣」等。**情緒對孩子認知學習有鉅大影響**。

因著醫療科技的進步，對於明顯口語功能不佳的孩子，目前已有電腦鍵盤打字的方式，對有些孩子具有明顯促進表達、溝通及學習的效果。對嚴重情緒障礙的孩子，除藥物治療外，也有一些可從生理調節的方式協助。

最後，最重要的是，**從家長、老師、專業人員的角度，共同努力合作，可達到最佳效果**是無庸置疑的。

【推薦序2】

早期療育的精心灌溉，孩子也會點滴進步

陳玉蘭／台北榮總復健部暨早療中心兒童職能治療組長

「我的小孩到現在還不會叫爸爸媽媽，也聽不懂我說的話怎麼辦？」

「上課老是坐不住，扭來扭去，一直和別人講話，老師好生氣怎麼辦？」

「我的孩子不看人，不理人，對玩具沒興趣，也不和其他孩子玩。」

「我的孩子很堅持每天都要穿同一件衣服，走同一條路上學，不然就會很生氣，每天都在尖叫，我好困擾。」

「我無法帶我的孩子出門，他一直衝來衝去，好危險。」

在我的工作中，每天都會聽到不同家長陳述著他們的擔心和焦慮，描述的孩子症狀雖有不同，一張張無助的臉卻都是一樣的。同樣身為兩個孩子母親的我，深切

了解天下父母為孩子煩惱擔憂的心情，總覺得為孩子做的不夠，我們不用孩子長大成為多偉大的人，只希望他們能健康快樂的長大。

依據我國兒童及少年福利與權益保障法所訂定「發展遲緩」的定義為：「在認知、生理（動作）、語言及溝通、心理社會或生活自理技能等任一方面的發展有疑似異常或可預期有發展異常情形，並經衛生主管機關認可之醫院評估確認之未滿六歲之特殊兒童。」發展遲緩的原因很多，大多數成因仍是不明的，目前能被發現的原因約僅占20%至25%，其中包括環境因素、社會文化因素、心理因素，腦神經、肌肉系統疾病，遺傳基因突變，染色體異常，早產，難產等。

發展遲緩的分類包括以下五大類：

一、認知發展遲緩：指個人對事物、概念及邏輯、記憶、理解等，較同年齡兒童落後。

二、生理（動作）發展遲緩：包括粗動作、精細動作及動作靈巧與協調度等。

三、語言及溝通發展遲緩：包括說話、語言表達、語言理解等。

四、社會情緒發展障礙：包括情緒失調及社會適應等，如：自閉症等。

五、非特定性發展遲緩：包括視知覺、聽知覺及感覺統合等發展遲緩的孩子長大後不一定會有身心障礙的情形，如果能**早期發現問題並及早進行療育，很大的比例可追上一般發展的兒童。六歲以前尤其是早期療育的黃金期，越早進行療育，效果越好**。但是，如何能早期察覺孩子的異常？兒童發展篩檢鑑定流程怎麼作？兒童的正常發展是什麼狀況？當孩子確定有發展遲緩時，如何從日常生活中引導他們？如何趁早給孩子適當的教育？當帶發展遲緩的孩子出門或上學時他們有不當行為時我該怎麼辦？當孩子尖叫無法控制怎麼辦？相信這些問題是每一位發展遲緩家長及老師，甚至是一般正常發展孩童的家長都想知道的事。

本書作者是一位在日本有二十多年發展遲緩兒童療育經驗的兒童教育家，他把多年的療育經驗集結成書，搭配生動易讀的文字及可愛圖解，讓讀者能迅速了解如何幫助發展遲緩的孩子。內文中有認知、情緒、動作等發展遲緩的重要里程碑，十六個案例，更有許多實用的親子互動遊戲，非常的值得一看。許多正確的療育觀念非常的重要，如：「發展遲緩與父母的管教方式無關，媽媽不要心有罪惡感。」、「覺得有不對勁時，馬上帶孩子去醫院檢查。」、「為什麼孩子會有不當行為，要做記錄找出原因。」、「激發孩子的學習動力，並讓孩子覺得開心是很重要的。」這些正確的觀念非常重要，能引領家長在療育這條漫漫長路時不要走偏。

文中的案例遇到的情況也是我們臨床常見的，我有一位個案，老是無法準時上療育課，剛開始我很困惑，因為家長是重視時間的人，應該不至於老是遲到，後來了解原來孩子總是只坐同一個編號的電梯，換電梯時會大哭大鬧，如此一來，當人多時電梯就搭不上了，造成上課老是遲到。日常生活中自閉症兒童的爸媽老是因為孩子的固執行為而有莫大的困擾，這本書上也有一位「孝志」有同樣的狀況，淺羽老師一步步帶領讀者見招拆招，告訴我們如何因應。最特別的是，文中有好幾個親子溫馨互動遊戲，如「猜猜看在哪隻手？」、「戴手套拍拍手」、「棍子傳遞」等，這些遊戲除了可增加親子互動感情，還內含了訓練注意力、增加認知、指令理解、訓練反應速度等功能，非常實用有趣。

發展遲緩的爸媽常常非常焦慮孩子發展落後，常見到爸媽安排了星期一到五滿滿的療育及補習課程，媽媽每天帶著孩子醫院、補習、才藝班、幼兒園來回跑，但卻忘了對孩子來說，最重要的職能便是「玩」，所有的一切都淪為訓練，讓孩子在入小學前就喪失了最重要的學習興趣，這也是我們一直大聲疾呼的。本書中在「家有遲緩兒家長的家長心態」這章中，也有許多類似這樣重要的正確觀念，給我們一個重要自省的機會。

醜小鴨長大後變成美麗優雅的天鵝，毛毛蟲經過長期蟄伏而羽化成色彩斑斕的蝴蝶，發展遲緩的孩子就像他們，**經過早期療育的精心灌溉，長成健康快樂的孩子，**這是每一位家長及教育者的共同心願。復健是一條漫漫長路，家長常感覺如同走在黑暗中長長的隧道踽踽獨行，周圍是伸手不見五指的迷霧，慶幸的是，所有的努力辛苦，所有流下的淚和汗，終將獲得報酬，展現在孩子點點滴滴的進步上，就算是每次一點點的逐步前進，也終能引導孩子追上進度，走在康莊大道上。爸媽永遠是孩子最好的朋友，也是最好的老師。

【審定序】翁菁菁／臺北市立聯合醫院中興院區兒童發展評估療育中心主治醫師

用心觀察，耐心陪伴

隨著「特殊兒童早期被診斷，及早接受療育，以降低日後長大後障礙的嚴重性」的觀念受到重視，了解孩子有先天性的發展障礙，最重要的是如何提升其優勢能力，減少不適切的行為，促進社會適應能力，使其先天障礙造成的功能受損降至最低。

發展障礙是先天性的腦部發展異常，只是隨著環境、年齡不同，表現出的狀況不一，其實症狀是持續到成人的，只是外在行為表現是輕微或嚴重而已。家長在了解到自己的孩子有發展障礙時，就要有心理準備這是一場長期抗戰，調適自己對孩子的期待，了解哪些特質是無法改變的，哪些行為是可以改變的，要用寬容的心去和孩子相處，一起去學習接受新的事物，並接受不同的挑戰，而不是一味的要求孩子要按照大人的方式做改變，或是要其他的老師同學都要配合孩子的喜好需求。我們希望孩子接受治療的過程是一段愉悅的學習歷程，而不是一直被強迫、被要求去學習，不然治療過後即使能力趕上一般的孩子，卻導致長大後失去了自我探索的動機與自信心，情緒行為問題相形嚴重。

本書作者日本的特教專家淺羽珠子一直強調**認知發展與情緒有很重要的關連性**，所以著急的家長除了希望孩子的能力可以盡快進步之外，也要注意在接受治療的過程中，孩子是否是開心的學習，他是否擁有自己的遊戲時間可以放鬆心情、優遊自在？本書的作者在教導特殊兒童的經驗十分豐富，她藉由觀察孩子的行為，引導她的個案與她互動，激發出特殊兒童的潛在能力，也讓孩子在治療的過程中被了解、被接納，享受與人互動的樂趣。書中提到的許多實際案例都是平日照顧者經常碰到的，可以提供大家處理問題行為的參考。

在本書的審定過程中，由於日本的發展能力檢核、早期療育的通報與療育機構與台灣不同，因此在中譯本我們改成台灣的現況。還有作者提到的認知發展理論因為牽涉到多位日本學者的論述，內容不太為國人所熟悉，所以把這部分更改為皮亞傑的認知發展理論。

關於情緒發展，作者加以區分，其實就是在說明孩子的氣質，是屬於比較執著的，比較容易衝動、興奮的，還是比較平和、協調的，在此向讀者說明。

在特殊兒童的成長過程中，照顧者要試著去觀察孩子的行為、了解問題行為的發生原因；了解孩子的喜好，在家中可以陪伴他們一起玩，從日常生活中練習孩子不會的技能，效果遠比長途奔波到醫療機構上課要好很多。畢竟在陪伴特殊兒童長大的漫漫長路上，照顧者如何調整自己的心態，耐心觀察，學習與孩子愉快的相處，並建立家庭與社會的支持系統，才是教養特殊兒童的智慧之路

【作者序】淺羽珠子／淺羽ＳＱＵＡＲＥ負責人

與發展遲緩兒童的相處之道

您為什麼會對這本書有興趣呢？是家有自閉症孩子的爸爸媽媽？或是孫子罹患唐氏症的爺爺奶奶？又或者是學校、療育機構的老師呢？

從全世界種類如此眾多的書籍裡挑出這本書，是想「多認識」、「更了解」發展遲緩，為了眼前的孩子「做些什麼」吧？

現今社會中，「發展遲緩」這個詞彙早已廣為人知。跟20多年前我為發展遲緩孩子成立「淺羽ＳＱＵＡＲＥ」時，簡直是天壤之別。不過，就算具備相關資訊或知識，實際接觸到發展遲緩的孩子時，大多數人還是會「不知道該怎麼辦才好吧」？20多年前，我也是其中之一。

第一個來到淺羽ＳＱＵＡＲＥ的自閉症孩子，50分鐘的上課時間總是靜不下來，那天也完全沒有靠自己的力量坐在椅子上。我還記得目送媽媽跟孩子離開之後，自己全身無力地癱坐在椅子上好長一段時間。接著便浮現了「我跟孩子的相處時間，只有他們來上課的時候。但媽媽卻要跟他們相處一整天，真的很辛苦」的想法。

發展遲緩的孩子會突然全身僵硬、大哭大鬧，也容易陷入恐慌。若遇到這些情況時，就算身邊的大人說：「不可以！」「坐下！」試圖制止這一切，但孩子還是無法自行控制這亢奮情緒。又因為受到責罵，讓孩子出現更大的壓力或焦躁情緒，因而導致不當行為變本加厲。原本想撐住孩子的身體，不讓他因失控而受傷，卻因此讓他更用力推擠或拉扯別人的頭髮，所以，我有一段時間都維持短髮造型。

小時候，還能抱住孩子安撫他。大一點之後，根本也就抱不動了。

趁孩子還小的時候，找出跟發展遲緩兒童的溝通方式，並教導孩子跟他人溝通的方式。

對發展遲緩的孩子跟媽媽來說，這是最重要的任務。

有媽媽因為覺得「孩子很恐怖」而來尋求協助。她們不知道該怎麼跟會突然發出怪聲，陷入恐慌亂丟東西的孩子相處，因此就在進入溝通前的階段裹足不前。

我告訴那位媽媽「乍看之下無法理解的行為，孩子都有自己的理由」。跟發展遲緩的孩子溝通時，以客觀角度去看「為什麼這孩子會做出這種行為」，是很重要的。仔細觀察孩子的狀態、視線與身體的動作，媽媽就能自行訂立「為什麼我這麼做，孩子會有這種反應」的假設。跟孩子和平共處的線索就隱藏其中。長年跟這些孩子相處下來，我歸納出一個結論。那就是每個孩子都會按自己的速度成長茁壯。

請家長千萬不要認為「這孩子講什麼都聽不懂」、「將來一定沒辦法在社會上立足」，就此放棄了孩子的教育。我也收到過教室剛成立時教過的那群孩子，告訴我自己「考上大學」「正在公司工作」的連絡。除此之外，也有來我們這裡之後，學會安靜坐在椅子上的孩子。雖然這稱不上不是什麼驚人的成長，但還是有媽媽看到時忍不住感動落淚。

我在這本書裡提到了若想知道發展遲緩孩子心理狀態，該如何找出線索的方法。內容多半是曾在教室發生過的真實案例，以及我自己跟這些孩子相處下來的心得。讀完這本書之後，希望讓大家知道「原來是這麼一回事啊！」，而能夠稍微減輕內心的壓力。更盼望有更多人能抱著「只要是對孩子好的事，我都要試試看」的想法。

本書所使用的相關用語

「療育」與「教育」

淺羽 SQUARE 的目標是「打造一個讓發展遲緩兒童能與他人一同生活的基礎」。

我認為讓每個孩子都能在社會上立足，這也是教育的終極目標。雖然手段與方法有所不同，但正常孩子的目標也是如此。因此，本書中不會特別將「療育」跟「教育」特別區分開來，皆以「教育」統稱。

發展障礙病名

眾所皆知的發展障礙病名，包括「自閉症類群障礙（ASD）」「亞斯伯格症候群」「ADHD（專注力失調及過度活躍症）」「LD（學習障礙）」等。本書不會針對這些症狀名稱進行說明與解說。不管有沒有被診斷出是屬於何種病名，孩子們因腦部發展出現某些問題所感受到的「困擾」，具有許多共通之處。另外，坊間出版了許多解說、說明各項發展遲緩的相關書籍，這些都可以提供給大家參考。

事例中介紹到的孩子們

為了用最簡單易懂的方式將發展遲緩或障礙的實際狀況告訴各位讀者，本書中介紹了 16 個真實案例。為了保護孩子的隱私，事例裡有關孩子的姓名、性別、年齡與個人情報，都已經過修改。

第1章

覺得孩子的發展情況有點不太一樣時

跟其他小朋友比起來，自己的孩子好像有那麼一點不一樣，總覺得樣子有點怪怪的。通常媽媽的直覺都是對的。

出現這種狀況時，千萬不要獨自煩惱，趁早尋求專家協助吧！

出現這些徵兆時，就有可能是發展遲緩

是否曾經有過「感覺跟其他小朋友不太一樣，好像哪裡怪怪」的經驗呢？
雖然能理解媽媽會認為「是自己想太多」的心情，但這時候的直覺多半是對的。

媽媽發現有問題時，多半是1歲半到2歲

同齡小朋友都會講話了，但自己的孩子卻遲遲不肯開口。也不太愛笑……。這應該會讓做媽媽的很擔心吧！雖然每個孩子的發育時程都會有所不同。不過，若是因為發展遲緩所造成的話，就應該及早發現、及早治療。

出現讓媽媽有所警覺的徵兆，多半是一歲半到兩歲的時候。雖然會因人而異，但若孩子在日常生活中出現左頁徵兆，就有可能是發展遲緩。

孩子好像有點怪怪的。通常這樣的懷疑都是對的

媽媽來找我的時間點可分為幾個階段。不過，多半都是在接受3歲健檢前的那段時間。兩歲開始覺得有點不對勁的媽媽，就會在3歲健檢前來找我。

很多媽媽都是雖然心裡覺得「有點怪怪的」，但來的時候還是希望能聽到「孩子很正常喔！」的答案。

偶爾也會出現媽媽覺得不對勁，爸爸卻不願意承認的情況。寧願說一些「我媽說我小時候也是這樣」、「還不是怪妳沒帶他出去走走，整天關在家裡」的話，而不願正視孩子的問題。或許這是因為爸爸平常沒什麼時間跟孩子相處，才會不容易察覺吧！

不過，媽媽的「好像哪裡怪怪的……」這種直覺，通常都是對的。

我能理解媽媽會認為「是自己想太多」的心情，但若持續很長一段時間的話，建議還是帶孩子到醫院做詳細檢查，這樣才能及早發現、及早治療。不要獨自煩惱，儘早帶到醫院檢查。若確診為發展遲緩，就直接開始教育指導吧！

日常生活出現這樣的徵兆，就有可能是發展遲緩

視線無法集中

執著於某項事物

看不到媽媽也無所謂

極度討厭身體接觸

一高興就會很亢奮

沒辦法乖乖坐著吃東西

發展遲緩或障礙跟父母的管教方式無關

媽媽常會把發展遲緩的原因怪到自己頭上。一味認為是自己的錯，也會影響到孩子。

對媽媽來說，最重要的課題就是解決這些困擾

就算病名相同，但每個孩子的症狀都不同

跟十年前相比，現在「發展遲緩」、「發展障礙」更廣為人知。「亞斯伯格」、「ADHD（注意力不足過動症）」等都不再是艱澀難懂的醫療名詞，日常生活之中，大家耳熟能詳，而這就是發展遲緩、發展障礙已被現今社會廣泛認識的最好證明，我個人認為這是件好事。雖然我現在只要看到來診療的孩子，就能立刻判斷他的病名，但這已經不是重點了。對家有發展遲緩兒的媽媽

來說，沒有比解決每天遇到的問題還來得重要的事了。

就算是同一種發展遲緩或障礙，但每個孩子的症狀都不同。一般來說，自閉症的孩子對人都沒什麼興趣，但其實也有很多例外。因此，教育方式也必須根據這些症狀來調整。

因此，知道孩子是屬於哪種發展遲緩或障礙，確實可以當成治療與指導時的參考。只不過，我們不會那麼在意病名，尤其是幼兒期。

發展障礙是腦部功能障礙，跟父母教養無絕對關係

首先要讓媽媽知道的是，孩子的發展障礙跟生活習慣、父母的教養方式無關。有些媽媽會怪自己不夠關心孩子，或是老是把孩子關在家裡。有些媽媽甚至會因此感到沮喪，但不穩定的精神狀態也會影響到孩子，造成孩子總是靜不下來。雖然目前的腦科學尚無法釐清發展障礙的成因。不過，可以確認的就是跟腦部功能的某種障礙有關。若將大腦的運作方式圖像化，就能看出發展障礙兒童的大腦某特定部位的運作，跟正常孩子相比弱了許多。

我不是腦科學專家，這也不是一本從科學角度來分析發展遲緩或障礙的書籍。不過，我想強調的是發展障礙的成因與生活習慣、養育方式一點關係都沒有。

如果有媽媽因此而自責的話，我可以很大聲地說：「您錯了！」

另外，還要告訴大家一個重要觀念，那就是「並不是說發展障礙的孩子就教不動」，只是要怎麼教，就得看情況。不能因為「講不聽」就放棄，而是要試著去了解有哪些適合自己孩子的教養或教育方式。

趁早給孩子適當的教育，就能減輕障礙的嚴重程度

要從3歲就開始？還是要等到上小學呢？這將決定家長的辛苦指數。越大就越容易出現嚴重障礙，教起來就越困難。

要留意3歲後開始出現的嚴重障礙

雖然很多媽媽在3歲健檢前就會來找我，但也有在健檢聽到醫生說「發展好像慢了點」時才來找我的人。如果是像過去一樣，在衛生保健所檢查懷疑是發展遲緩時，通常只會聽到建議「再觀察一陣子」。不過，最近被認為發展遲緩的案例，有增加的趨勢。

3歲左右的孩子只要看一眼，大概就能判斷是否屬於發展遲緩。因為還小，不管是要抱或是處理不當行為時，難度其實沒有很高。

很小的時候被診斷為發展遲緩，其實他的能力跟正常孩子沒有太大差別。因此，教育方式也大同小異，就能減輕媽媽精神與體力上不少的負擔。

雖然在養育的過程中，跟正常孩子之間的差異會日益顯著，這才是真正辛苦的開始。不過，這還是比出現明顯差異後，才開始進行教育指導要來得輕鬆。

若從3歲甚至更早之前，就選擇適當方式來教小孩的話，就算是未曾說過半句話的孩子，也能慢慢將詞彙背起來。原本對別人叫自己時毫無反應的孩子，也會

小時候被診斷為發展遲緩，其實他的能力跟正常孩子沒有太大差別。

開始有所反應。

發展遲緩的孩子若不及早治療，隨著年紀的增長，想跟他人溝通與融入社會生活就會更加困難。

只要出現嚴重障礙，教育難度就會提高

如果3歲沒來諮詢的話，第二多的時間點就落在上小學之前。大部分都是媽媽在意很久卻找不到機會檢查，因為擔心孩子念小學後跟不上其他同學而來接受診療。

5歲的孩子有了力氣，個性也變得更活潑，因應起來就更加困難。再加上，每件事都跟自己想的不一樣，又常常挨罵。這些都會造成孩子的壓力，甚至導致嚴重障礙。

嚴重障礙並不是障礙本身引起的行為，而是因壓力等因素，讓人無法控制自己的感情，因而出現亂丟東西、亂咬人手臂、抓人頭髮、大呼小叫等不當行為。尤其是上小學後出現的嚴重障礙，甚至憑一個成年男子的力量都壓不住。

從小開始，就以適當的方式來教育這些孩子，雖然無法徹底根除這個障礙，不過卻能防止嚴重障礙。發展遲緩的嚴重與否，則取決於此。

發展遲緩的確會增加與他人溝通以及融入這個社會的難度。不過，如果能趁早亡羊補牢，從很小開始就以教育的方式，來治療發展遲緩的問題，告訴孩子有關人類社會的相關規則。這樣一來，就算是有發展遲緩的孩子，也能過著跟一般人相差無幾的生活。

一出現自傷傷人行為，就很嚴重了

老是用頭去撞牆，就稱為自傷（傷害自己）行為。

咬人、亂抓甚至拉扯別人頭髮，就稱為他傷（傷害他人）行為。

覺得不對勁時，就立刻帶孩子去檢查

不要獨自煩惱，趕緊帶孩子到專業機構諮詢並接受檢查吧！一切正常，就能放下心上的大石。出現異常，也能及早因應。

有各式各樣不同的檢查，但結果都大同小異

覺得孩子的發展慢其他人很多，或是透過產前檢查、新生兒代謝篩檢、兒童健檢時，聽到醫生說：「發展好像有點遲緩。」也不要一個人煩惱，建議可以先帶小朋友去做檢查。目前遲緩兒童之通報採責任通報制，家長或前述工作人員發現有疑似遲緩現象時，應向通報轉介中心通報。他們就會介紹當地的「早療中心」、「兒童發展評估醫院」等評估鑑定機構。

檢查方式包括各種發展評估工

一般從健檢到療育機構的流程

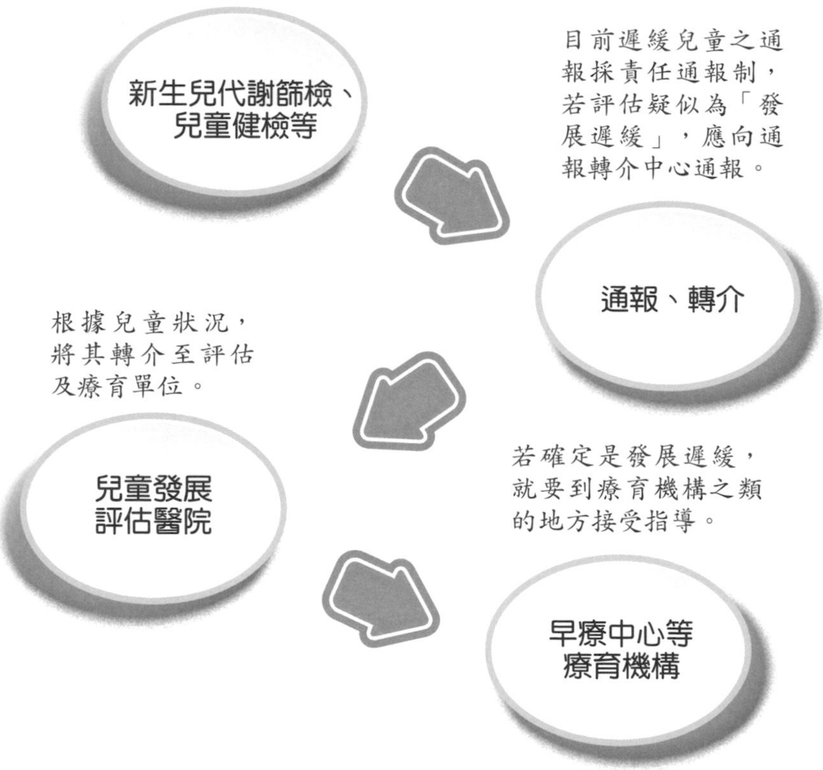
新生兒代謝篩檢、兒童健檢等
目前遲緩兒童之通報採責任通報制，若評估疑似為「發展遲緩」，應向通報轉介中心通報。
通報、轉介
根據兒童狀況，將其轉介至評估及療育單位。
兒童發展評估醫院
若確定是發展遲緩，就要到療育機構之類的地方接受指導。
早療中心等療育機構

具如貝萊氏發展測驗、魏氏幼兒智力測驗、斯比智力測驗等，每個年齡都有適合的檢查方式。

若確診為發展遲緩時，兒童發展評估醫院就會提供轉介到就近的療育機構進行治療。不過，我擔心的是每個月才去一次的話，就無法接收到充足的教育指導。

除此之外，公部門的因應也有城鄉之間的差異，其中也有早療資源嚴重不足的區域。這點也是今後的重要習題。

除了年齡與發展狀況的相互關係外，針對檢查結果必須要有更詳細的說明

就台灣目前來說，大多數是經由兒童發展評估醫院評估後，告訴你「幾歲時的發展程度應該是怎樣」。遠低於實際年齡，就會被歸類到發展遲緩。

接著針對檢查結果進行詳細說明並提出相關的診斷，讓家長知道孩子為何會有發展遲緩，對這些一無所知的話，就無法訂定指導準則。

原則上，檢查流程是由衛生局等相關單位及評估醫院進行檢查後，若診斷有發展遲緩的情形，確診後就會通報各縣市早療通報中心，並進行相關的療育。而兒童發展評估醫院進行檢查時，最好是由復健科、兒童青少年精神科及小兒神經科三方會診，才能更詳細的診斷。

兒童發展諮詢流程

當您發覺身旁孩子在成長發展上有所疑惑，您可以透過通報轉介中心，社工員將為您提供一連串完整服務。

1 **觀察幼兒在幼稚園（或托兒所）裡的學習及同學互動情形**
例如：上課會一直干擾別人

2 **找出您擔心的地方**
例如：孩子不愛說話，也不看人

3 **可至各縣市政府衛生局填寫好發展檢核表**
此處以臺北市衛生局為例：
https://health.gov.taipei/Default.aspx?tabid=474&mid=1142&itemid=17656
或至臺北市政府衛生局早期兒童發展篩檢系統（https://kidd.taipei/）進行發展篩檢

4 **洽詢各縣市早療通報中心**
https://system.sfaa.gov.tw/cecm/resourceView/detail2?qtype1=1&qtype2=4

5 **社工諮詢**
- 如無早療需求，則提供建議給家長參考
- 如有需要早療需求，則提供早期療育服務。依孩子戶籍地轉介到早期療育社區資源中心專業諮詢、家庭支持、親職活動、托幼園所合作、資源轉介（醫療、教育……）、其他早療服務。

※ 資料來源：台北市政府社會局早療通報轉介中心官網

孩子的認知發展是屬於何種程度？

發展遲緩兒童的教育方式，必須根據發展程度來設計。
檢查孩子的認知發展程度，藉此決定指導方式。

能否理解名詞、動詞、空間概念並有所動作？

家長帶孩子來諮詢時，我們都會先檢查孩子的認知與情緒發展程度。

認知與情緒之間的關係十分緊密，絕對不能拆開來看。為了讓大家更加容易理解，就先來解說所謂的「認知」。

什麼是認知呢？

認知是「熟悉周遭環境後，進行理解、解釋、判斷、行動的一連串過程」。而這一連串的過程，就好比說是理解他人講的話，並採取適當的行動。

聽到「把鞋子脫掉」時，會聽從指令脫鞋。聽到「把東西收好歸位」時，就會乖乖收好放回原位。

要做出這些動作，就得了解「鞋子」、「脫」的意思或是知道「原來的地方」在哪裡。就算知道是什麼意思，也必須連結到相關的動作。

要讓孩子做出這一連串的過程，其認知程度就必須隨著年紀有所增長。

皮亞傑提出的認知發展階段

皮亞傑（Piaget）的認知發展論相當有名，台灣也多以此進行認知觀察。大多數以初生嬰幼兒經由與外在環境的互動，發展出許多以身體感官為基礎的基本認知結構，也可說是人類吸收知識的基本架構，稱為基模（schema）。皮亞傑（Piaget）的認知發展論著眼於基模改變的過程，也就是說，智力的成長端賴於基模的改變。

皮亞傑（Piaget）認為兒童的認知發展影響兒童內部知識的成長，認知的發展也是一種適應環境的過程。適應環境的心理歷程包括兩個過程：同化（assimilation）和調適（accommodation）。而「適應」便是在「同化」與「調適」這兩種心理歷程的波動中，求得平衡（equilibration）的結果。而智力的發展，即可視為個體心理狀態上，一次又一次失衡之後，達到平衡狀態的連續結果。

皮亞傑（Piaget）依照研究的結果把兒童的認知發展分成如下頁的四個階段。

皮亞傑（Piaget）兒童的認知發展階段

階　段	年　齡	行為特徵
感知運動階段 又稱感覺動作期 （sensorimotor）	0-2歲	1．嬰幼兒憑著感覺、動作和所處的環境互動，藉著這個方式來建構原始的基模。 2．從本能性反射動作到目的性活動。 3．1歲時發展出物體恆存性的概念，物體恆存的概念。
前運算階段 又稱前運思期 （preoperational）	2-7歲	1．語言和概念發展的快速階段。 2．以自我為中心：只會主觀地從自己的角度來看世界，不能從別人的角度出發。 3．不會逆向思考知覺集中傾向：一次只能注意一個向度或層面。 4．能思維但不合邏輯，不能見及事物的全面性。
具體運算階段 又稱具體運思期 （concrete operations）	7-11歲	1．非集中化的思考方式：一次能注意多個向度與層面。 2．擁有質量守恒的觀念，也會逆向思考。 3．比較不以自我為中心。 4．具有分類的能力。
形式運算階段 又稱形式運思期 （formal operations）	11歲以上	1．具有抽象思考的能力，能從事演繹、命題之推理。 2．能從別人的角度來看一事情。 3．能按假設驗證的科學法則思考解決問題。

※ 此表格依照皮亞傑（Piaget）兒童認知發展階段理論整理

孩子的情緒發展是屬於何種程度？

目前的療育過度偏重認知發展。
但是，促進認知發展的原動力，也就是情緒發展也很重要。

透過與他人的互動所產生的健全情緒

什麼是情緒呢？目前還沒有一個定義，獲得廣泛的認同。不過，我個人認為情緒是「展現感情、有所行動時所需的內心能量」。更具體一點來說，就是想認真念書的慾望、事情一帆風順時會出現的成就感、滿足感這類內心能量，又或者是想跟其他人分享自己開心或難過事物時的內心想法。

認真念書的慾望、成就感、滿足感或是與他人的同感，都是藉由與他人的互動所產生的。特別是嬰兒期的情緒養成，是取決於跟媽媽的關係。

改變感情或行動的3種狀態

人的情緒可分為「堅持型」、「衝動型」跟「協調型」。這3種狀態會隨著情境有不同變化。這是安藤則夫老師所提倡的觀念。

「堅持型」的情緒是專注並維持注意力的情緒。認真工作時就是處在這種狀態下。

「衝動型」的情緒則是活化身體活動的情緒。有助於壓力的抒發，並能因應周遭狀況採取行動或快速集中精神。運動或者是跟親朋好友聊天時，就是處在這種狀態下。

「協調型」的情緒則是緩和堅持型與衝動型的情緒，讓人有種安穩的感覺。此時，人們都會鬆一口氣，也會感受到成就感與滿足感。

不管是大人或小孩，情緒都會有高低起伏。只是大人的變化沒有小孩激烈，情緒也比較穩定。

發展遲緩兒童的情緒多半處於極端，過度「堅持」，就會對某項事物有著強烈堅持。過度「衝動」，就會出現過動症狀（92頁也會針對情緒進行解說）。

孩子的情緒發展是處於何種階段？

安藤老師認為一個人的情緒在嬰兒期會有下列的發展。

首先是剛出生的新生兒，除了餓的時候會大哭外，其他時間幾乎都在發呆。

這是因為新生兒還無法清楚表達自己的情緒。出生後1～2個月，會開始注意到床邊的旋轉音樂鈴或玩具，還一直盯著看。這是因為被特定東西吸引，出現了「堅持型」的情緒。

3～4個月時，就會開始對身邊的各種事物有所反應，變得很興奮。這就證明孩子出現「衝動型」情緒。不過，此時只是對刺激有所反應，尚未產生喜悅、悲傷之類的情緒。

6～7個月後，就能理解媽媽的安撫、餵食等等的外部刺激，因而有所期待。食慾獲得滿足後，高漲的情緒就會緩和下來，進而產生滿足感。這時候就是屬於「協調型」。

換個方式來說，就是嬰兒透過與媽媽的互動，培養出了「協調型」的情緒，而這3種情緒也會互相協調，達到平衡（就算是正常孩子，情緒也無法像大人般穩定）。不過，發展遲緩兒童的情緒發展多半會停在「堅持型」或「衝動型」的階段，無法充分展現「協調型」情緒，因而提升了建立人際關係時的難度。

嬰兒情緒發展過程（概略）

剛出生時 無法清楚展現情緒	除了肚子餓會大哭外，其他時間不是在發呆就是在睡覺。
1～2個月 出現「堅持型」情緒	會一直盯著旋轉音樂鈴，卻無法下意識地將注意力放在某件事物上。
3～4個月 出現「衝動型」情緒	對周遭的聲響有所反應，父母一靠近就會手舞足蹈。對外界的刺激，都會感到興奮。
6～7個月 出現「協調型」情緒	對「躲貓貓」之類的遊戲產生興趣，開始享受與他人的互動。 懂得期待遮著臉的大人說完「不在不在」之後露臉的剎那。

無法用言語溝通的話，就從身體的互動開始吧！

不要只將焦點放在孩子做不到的事上，而是找出他能做的事。每個孩子都能藉此展開相關的教育指導。

不會說話也沒關係，善用孩子目前具備的能力吧！

只檢查孩子的情緒與認知發展到達何種程度是不夠的。何種能力表現的比較不好？可以善用何種能力？唯有掌握每個孩子的情緒狀態與認知功能的特徵，才能知道要使用哪些教具以及如何指導。

換句話說，具體了解自己的孩子會做什麼、不會做什麼，才能提供最適合的教育方式。很多媽媽都是因為不了解這點，才會感到手足無措。

雖然相關的評估檢查，能讓家長清楚知道孩子處於何種發展階段。不過，最根本的還是要從每天的日常生活中細心觀察孩子的各項表現。

雖然有些孩子指導時可以使用教具，但也有很多孩子還聽不懂大人在說什麼，所以沒辦法使用一般的教材。這樣的問題又該如何處理呢？

聽到孩子的發展較為遲緩時，大部分的媽媽一開始都會感到震驚。但不要只是埋怨為什麼孩子做不到，而是找出孩子做得到的事。

對聲音有所反應嗎？東西放在自己面前時，會瞄一下嗎？會用手嗎？

找到孩子做得到的事，再藉此來進行指導！

藉由身體互動給予刺激，讓孩子對人產生興趣

不會講話的孩子就從物品的互動開始。如果連這個也沒辦法，就只能從身體的互動開始了。

身體互動並沒有「一定要這麼做」的嚴格規範。不過，為了刺激對外在環境一點興趣都沒有的孩子，我們最常做的就是幫孩子

搔癢。另外，還可以在地板上滾動、抓著孩子手腕搖晃手臂等等，藉由這些刺激，讓孩子對他人產生興趣。

若想消耗過動症孩子充沛的體力，可以牽著孩子的手，讓他配合大人的呼吸不斷彈跳。跳到某種程度後，可視情況讓孩子坐下來，讓他看點東西。或許剛開始的時候，只能安靜一分鐘，但隨著彈跳次數增加，孩子專注的時間也會跟著拉長。

身體互動沒問題之後，接著就用物品互動

身體可以互動之後，就來試試看使用物品的互動吧！小孩都比較喜歡球類這種圓形物品。

傳接球的動作看似簡單，但實際做起來卻比想像困難。因為傳球之前，有些孩子根本不會認真看球。當孩子的眼神開始飄移時，就得設法讓孩子將視線集中到球上，或是讓孩子的視線追著在地上滾動的球跑。因為有些孩子對快速滾動的球會有所反應，所以朝這方面多下點工夫。

當孩子的視線集中在球之後，試著讓孩子抱住球。一開始可以用大球，習慣之後就換成小球。學會接球後，就拿個箱子請孩子把球放進去，能獨自完成這任務的話，就算是很大的進步。接下來就能使用教具進行教育指導。

用身體或物品來溝通互動吧！

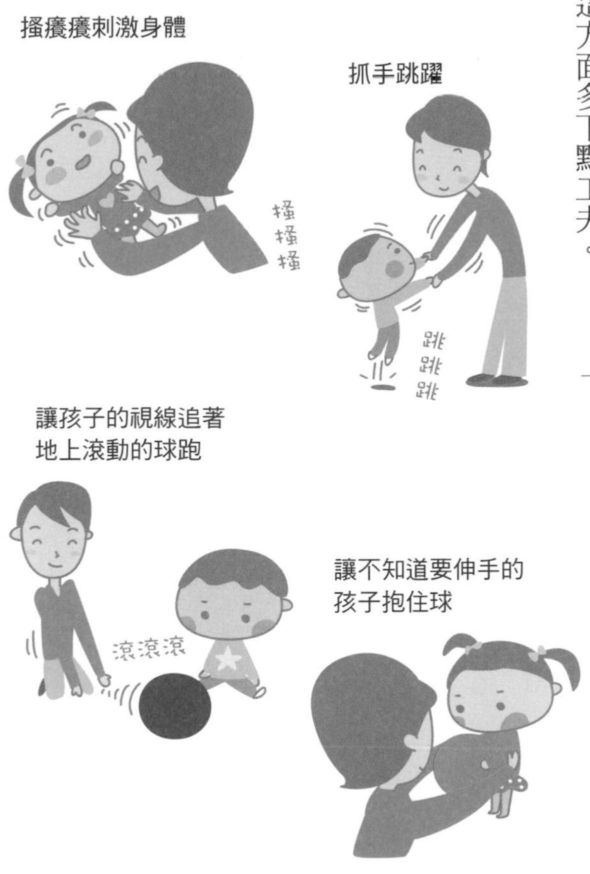
搔癢癢刺激身體
搖搖搖
抓手跳躍
跳跳跳
讓孩子的視線追著
地上滾動的球跑
滾滾滾
讓不知道要伸手的
孩子抱住球

案例 1

不認為孩子有發展遲緩的小悟媽媽

聽到孩子可能發展遲緩時，忽然變得很不高興的媽媽

小悟跟媽媽來接受診療時才4歲。剛好是媽媽開始覺得「小悟跟其他孩子有點不太一樣」的時候。

果不其然，檢查過後我們發現小悟有發展遲緩的傾向。不過，因為那是第一次見面，所以我不敢直接告訴小悟媽媽。只婉轉地說「有遲緩的可能性」，並建議「接受專門機構的指導，會比較安心」。但小悟媽媽一聽到瞬間臉色大變，臉上滿是「這孩子是哪裡有問題？」的不滿表情。

每次告知家長「孩子有發展遲緩的情況」，都是很艱難的任務。當然會看到有些家長的表現異常冷靜，不過因大受打擊、感到意志消沉的家長也不在少數。偶爾也會看到不願意接受事實的家長。之所以會來找我們，就是希望能聽到「孩子一切正常，不用擔心」的答案吧。

總是滔滔不絕，卻完全無法跟人對話

第二次來的時候，我花了點時間跟小悟互動。小悟很會說話，知道的語彙量也高於平均值。乍看沒什麼問題，所以我也能理解，為什麼小悟媽媽不相信自己孩子有發展遲緩的可能。可是，過沒多久我發現小悟的最大問題是「無法與人對話」。

比方說，給孩子看蘋果的照片，問他「這是什麼？」，回答「蘋果」就是正常對話。不知道的話，就會回答「不知道」。

小悟卻不會回答我的問題，只是自言自語：「跟爸爸去海邊……」這毫不相干的回答。聽了一會後，

我又問他：「你們去海邊玩什麼？」，他又回答了跟問題無關的「小慎的是紅包包……」。

雖然跟幼兒對話時，常會出現沒有交集的情況，但這顯然是牛頭不對馬嘴。後來也跟媽媽確認過，去海邊都已經是一年多前的事，小慎拿的也不是紅包包。雖然滔滔不絕，但內容可信度卻很低。總結來說，小悟完全不在意對方的說話內容，只是自顧自地把想到的事情講出來而已。

外表看似正常，但小悟的問題比想像還嚴重

這樣的症狀並不罕見。因為孩子總是滔滔不絕，所以小時候很難發現這就是發展遲緩。就算認為有點不對勁，但總覺得應該很快就沒事了。只不過，有時看起來很正常的對話，都只是大人在配合孩子。孩子講的話，一點意義都沒有。如果沒發現這就是發展遲緩，在無法與他人溝通的情況下長大，就永遠無法理解他人的指令，或是讓其他人了解自己的心情。無法對話的問題，比小悟外表給人的印象還要嚴重。

一氣之下就帶著孩子回家

因為這是第二次見面，我就將小悟發展遲緩的情況詳細解釋給媽媽聽。因為我跟小悟對談時，媽媽也在場，所以原本認為媽媽應該也能理解我說的話，但事情跟我預料的恰好相反。明知道小悟說的話沒有任何邏輯，但媽媽就是不願意承認。

也或許是因為雖然多少有注意到，但萬萬沒想到結果比自己預期的更糟糕，因此大受打擊吧！

一般來說，在聽完我的解說後，一開始抱持懷疑態度的媽媽，都會慢慢接受這個事實。可是，惱羞成怒的小悟媽媽說完：「這檢查有問題。」就牽著小悟的手憤而離去。從此之後，就再也沒看到她們出現過了。也因為這件事，讓我不時反省自己的說明方式是不是哪裡出了問題。

案例 2 被搔癢就會很開心的「外星人」正弘！

讓正弘從面無表情到開懷大笑

正弘上小學前是嚴重自閉的孩子。不會講話又過動，甚至沒辦法一個人去上廁所。一開始叫他也沒反應，無法跟他人有任何互動，面無表情，也不會笑。前一秒還乖乖坐著，下一秒就突然站起來，爬上窗框像走鋼索般前進。請他下來，就大發脾氣。正弘媽媽說，這感覺「就好像家裡來了個外星人」。

於是，我就用了自己最常對不說話孩子做的事，給予正弘身體上的刺激，藉此觀察他的反應。一開始只用手指輕戳正弘的身體，他便露出厭惡的表情，身體也閃躲了一下，不過，他的反應僅此而已。有段時間，我就只重複這樣的動作。

某天我稍微加強力度，正弘立刻眼睛一亮，反應也比較大。看到他的反應，我也故意露出很驚訝的表情。正弘可能覺得比較有趣，我也順水推舟重複這動作。在這個過程中，正弘慢慢意識到「自己的反應也會影響對方」這件事。

看到正弘明白「人是有反應」的這件事後，我就用搔癢取代手戳。雖然，正弘一開始只會僵硬地發出「呵呵」聲，不過幾次互動下來，從來沒笑過的正弘居然笑了。他的笑聲是那種聽起來很輕鬆悅耳的「嘻嘻」聲，後來甚至逐漸進化成跟一般小朋友無異的「哈哈」大笑聲。

當正弘發現搔癢的樂趣後，只要一邊說著「要搔癢癢囉！」，一邊伸手靠近他的身體，他就會開始哈哈大笑。這是因為他能預想到即將發生的事，開始產生期待。

正弘最想讓人搔癢的地方就是肚子。所以，有時甚至會自己主動把衣服拉起來，露出肚子要大人搔他癢。跟正弘身體接觸的機會也大幅增加。

可是只要開始亂跑，大人就抓不住了

會因搔癢發出笑聲後，下一個課題就是要逐步提高他的專注力。要達到這個目標，就必須讓他將注意力放在某項事物上，一開始引起他注意的是我的臉。只要他一看我，我就會在他面前玩手指遊戲，讓他能更加專注地看我這邊。除此之外，還會一邊碰他身體，一邊用「頭在哪裡？在這裡嗎？」的對話，教他認識身體器官，藉此延長他專注在某件事物上的時間。

差不多兩個月之後，正弘也累積了一定程度的專注力，於是我們又增加了一道讓他坐在書桌前的習題。正弘最喜歡的就是拼圖。但一開始最多只能乖乖坐一分鐘左右，超過一分鐘，會先看到他在發呆，然後突然開始亂跑亂跳，很難控制。只要事先掌握這徵兆，讓他唱唱歌、丟丟球，重新喚回他的專注力就可以了。只不過，這一招並非每次都管用就是。如果想讓到處亂跑的正弘冷靜下來，就只能隨時陪在他身邊。

像正常孩子般茁壯的正弘

正弘的過動傾向，並沒有隨著年齡的增加而有所改善。雖然沒有小時候那麼愛發脾氣，但不想做功課時，就會一溜煙地逃到沙發上。通常這時，我都會把他帶回到書桌前，請他把功課完成，這樣的動作持續很長一段時間。有時也會覺得累。那天看到正弘又跑到沙發上時，我腦中浮現「啊～好累啊」的念頭，根本沒力氣像平常一般把他帶回書桌前。只好手指著他，大聲叫他：「回來坐好！」

而最讓我感到意外的是正弘居然真的乖乖從沙發上起來，自己回到書桌前。就時機來看，我應該是碰巧遇到他打開「理解他人指示」開關的時候吧！這件事之後，請正弘坐在位子上寫功課的過程，就輕鬆不少。

前幾天，某位從小就認識正弘的媽媽，看見他參加大班課的樣子，便有感而發地說：「正弘看起來就跟其他小朋友沒兩樣」。

沒錯！只要多花點時間，正弘也能成功從外星人變回地球人了。

案例3 從小就培養出凡事都能堅持到底的千尋

雖然認知方面的發展較為遲緩，但在情緒方面的發展卻不斷成長茁壯。就算寫起字來沒有一般人流暢，看書的速度也比不上一般人，但她讓我知道絕對沒有那種「不管怎麼教都沒用」的孩子。

順利讀完小學六年的資源班

千尋小時候其實是屬於重度發展遲緩，無法與人溝通。一遇到討厭的事，就會全身僵硬，蹲在地上一動也不動。就算叫她也不會抬頭，沒有任何反應。

雖然一開始是這樣的狀態，但我們還是努力進行認知教育的相關指導。上小學時，注音的讀寫都沒問題，能從1數到10，也能開口說一點話了。

千尋的媽媽想說已經進步到這種程度，接下來就交給學校資源班的老師，而沒有再來接受早療，聽說這也是因為千尋父母工作的關係。不過，那時的我其實有點擔心。正因為「已經有如此進步」，所以希望她能多待一段時間。

這是因為雖然五歲時看起來安定許多，但很多人上了小學之後，

慢條斯理地戴上眼鏡，今天也要認真讀書！

患有唐氏症的千尋，讀書的時候非常認真，雖然認知程度嚴重落後，上了國中之後，才好不容易學會將聽到的單字寫出來。但無論給她的習題有多困難，她都不曾半途而廢。為了不辜負我們的期待與鼓勵，一定會堅持到最後。

每天一放學就來我們這，應該會有幾天特別累吧。但只要一進教室，她就會慢條斯理地戴上眼鏡，默默地做著自己的功課，那認真態度總是讓我們深受感動。

會因為學校繁重壓力再次出狀況。

我並不是要否定學校的團體生活，團體生活也是教育中不可或缺的一環。但若不多加留意，讓孩子長期處在壓力狀態下，就會成為引發孩子不當行為的導火線。

上學後，家庭環境就更顯重要。對孩子有著過度期待的媽媽如果出了太多習題讓孩子練習，會讓放學後的孩子依舊無法從壓力中獲得解放。

話雖如此，但也絕對不能採取放縱主義，尤其是自閉症的孩子，整天無所事事的話，會讓他們不知所措。因此，媽媽最重要的任務就是要打造一個能讓孩子做自己想做的事的環境，並且在一旁默默守護。

千尋的表現其實非常出乎我的意料，她順利地念完小學六年的資源班。這應該都要歸功於媽媽的細心照顧與學校老師的大力協助吧。

從小開始的教育，長大就會開花結果

不過，升國中之前，千尋隔了六年突然又回來診療。

雖然小學生活一帆風順，但六年級的認知程度依然停留在只能讀寫注音，以及理解數字1到10的程度。這就表示，千尋這六年來一點進步都沒有。眼看就要上國中了，媽媽也開始感到焦急。

千尋是非常認真的孩子，回來之後的個別輔導課，雖然起步晚了點，但還是可以看到她的進步。

就算是認知程度的水準相同，但升上高年級後才來接受個別輔導的孩子，做起功課困難重重。但若從3歲開始個別輔導，就能及早養成「聽從他人指令」、「練習習題時，不能輕易放棄」等基本習慣，在小學也能理解並聽從老師的指示。而家長也努力幫千尋維持這些根本態度，都是讓千尋能堅持到底的重要關鍵。這絕對不是因為千尋的認知程度有所提升，或是我們強迫她練習許多習題。

這過程顯現了從小開始就接受合適認知教育的重要性。「3歲定終身」這句話同樣適用在發展遲緩兒童身上。

與孩子的溫馨互動 ① 啾！咚！手臂運動

這動作能有效放鬆孩子因緊張或固執，而緊繃僵硬的身體。用自己的雙手輕輕包住孩子的手背，再請孩子握拳。抬到稍微高於胸部的位置，再朝膝蓋方向輕輕下壓。孩子的手臂就會順著大人的動作擺動。一開始從上方稍微用力往下壓。重複幾次後，孩子就會放掉全身力氣，達到放鬆效果。

1 雙手輕輕包住孩子的手背。不要一開始就拼命想抓住孩子的手。只要習慣眼前狀況，孩子就會自己主動伸手。

2 請孩子配合自己發出的「啾！」聲握拳，抬到稍微高於胸部的位置。

3 先稍微停住，再朝膝蓋方向，「咚！」地往下壓。握拳時稍微吸氣，下壓時就要吐氣。

4 這並非是單純的上下動作，而是要配合動作發出「啾！」跟「咚！」的聲音，隨著節奏不斷重複。「咚！」之後會出現些許空檔，讓孩子較容易將不必要的力氣放掉。

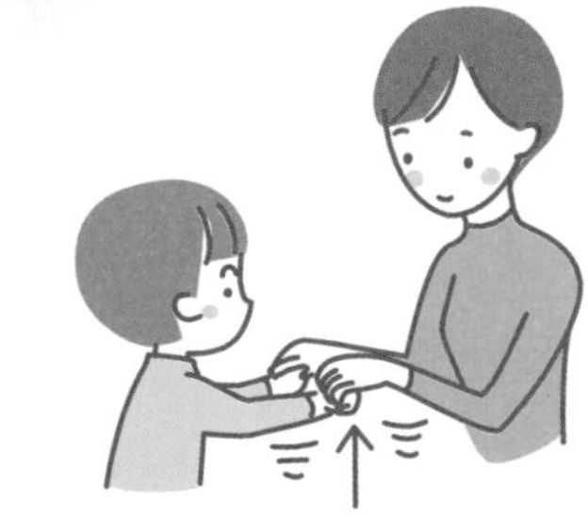

第2章

想辦法避免孩子的不當行為

一直動來動去靜不下來，一定住就沒人動得了他。孩子的不當行為總是搞得媽媽精疲力盡。

只要孩子一出現不當行為，情況就會變得很棘手。因此，想辦法避免不當行為是很重要的。

不當行為的原因，一定就在現場

孩子之所以會做出無法理解的不當行為，其實都是有原因的。即便是讓大人頭疼萬分的不當行為，只要找出原因就能解決。

避免不當行為充其量只是對症療法

突然發出怪聲，陷入混亂狀態。只要開始亂跑就停不下來。注視某處，一動也不動。發展遲緩兒童的不當行為，總是讓媽媽吃盡苦頭。至少得想辦法，盡量避免孩子出現不當行為。

情緒或認知方面的發展遲緩，基本上只能慢慢花時間指導，讓孩子一點一滴地進步。避免不當行為充其量只是對症療法。

但對每天焦頭爛額的媽媽來說，避免不當行為是很現實的問

造成不當行為的各種刺激

題。因此，在說明具體的教育方式之前，第2章的重點會擺在不當行為的因應方式上。

為什麼會出現不當行為？做記錄找出原因

重要的不是不當行為發生之後，而是事前就要想辦法避免。因此，最重要的就是要找出並消除造成不當行為的原因。

不當行為的原因，一定就在現場。比方說他人高分貝的笑聲或巨大聲響、從高溫室外突然走進低溫冷氣房等急速的溫度變化等等，都有可能會引發不當行為，也可能會對一般人不以為意的空間，如過度寬敞或狹窄產生激烈反應。也有些孩子只要看到跟平常不一樣的東西出現在某處就會陷入恐慌。

想找出原因的方法之一，就是使用「不當行為清單」。這是一份將出現不當行為的時間點與狀況記錄下來，藉此找出起因的清單。比如，藉由持續記錄，發現孩子有「看到開關就一動也不動」的傾向時，就能事先將開關藏起來或擋住孩子的視線，避免孩子出現不適切的行為。

根絕不當行為的起因

孩子熱愛開關的話，
就把開關遮掉。

記錄不當行為清單

將出現不當行為的時間點與
狀況記錄下來做成清單。

事前掌握徵兆就能避免的不當行為

不當行為的因應方式，首先就是不要讓它發生。迅速找出徵兆，根除其原因，就能避免孩子出現不當行為。

仔細觀察孩子一舉一動，就能掌握事前徵兆

出現不當行為前，一定會有徵兆。常見的包括注意力被某項東西吸引、眼神開始飄忽不定、出現坐立難安的動作。在後方仔細觀察坐著的孩子，就能察覺不當行為即將出現時的前兆。

當不當行為一出現，就很難讓孩子冷靜下來。只要事前拆除未爆彈，有時三兩下就能把問題解決。事先預防跟事後處理，兩者所耗費的力氣可說是天壤之別。

平常就不時留意孩子的一舉一

這些行為出現前，其實早就有徵兆了

飄移不定的視線，
究竟是看到什麼了？
是不是開始坐立難安？
坐立難安
是不是突然全身僵硬？
硬梆梆！

動，往後只要看到某個動作就立刻知道他想幹嘛。知道事前會出現什麼徵兆的話，就能找出原因，還能趁著孩子還沒發現之前，將引發不當行為的物品收好、在孩子耳邊輕聲細語、或是將孩子的注意力轉移到其他物品上面。

徵兆出現時，切莫驚慌保持冷靜

最常見的情況是，指導時不經意地拿出孩子討厭的教具，因而造成孩子的不當行為。

明明要先看孩子的情緒穩不穩定才能拿出來，卻一個不小心就拿出孩子最討厭的教具。孩子一氣之下就把桌上的東西通通掃下去，陷入失控狀態。這時候大聲喝斥，命令孩子把東西撿起來的話，只是火上加油。因此，要邊說：「你討厭這個喔？那我們來玩這個吧？」邊拿出其它教具，而非單純的責罵。因此，我們必須隨時準備好替代方案。

一味地避開孩子討厭的東西，的確會讓孩子無法克服自己不擅長的事物。所以，必須在觀察孩子當下狀況的同時，一邊進行指導。

另外，如果孩子突然全身僵硬或是感覺要發脾氣時，就輕輕摸著他的背，在耳邊小聲地說：「要不要坐下啊？」討厭被摸背的孩子，就只要輕輕把手放在背上。關鍵在於，千萬別急忙想控制孩子，而是要冷靜地做出其它指示。這樣就能有效舒緩孩子的緊張情緒。

出現徵兆時，媽媽也千萬別緊張

輕輕把手放在孩子背上，
在耳邊小聲說話。

不要一味責備，而是指示
孩子做下一個動作。

即便如此還是出現不當行為時……

孩子一出現不當行為，就很難控制。
請不要勉強孩子，試著了解他們的心情，然後靜靜陪在身邊就好。

不讓不當行為變本加厲，試著了解孩子的心情

即便掌握了原因或徵兆，還是無法控制孩子的不當行為。真想解決這個問題的話，就只能幫孩子進行長期的情緒教育。

既然無法輕鬆解決，那麼當孩子出現不當行為時，父母該如何是好呢？

說實在的，真的沒有什麼有效的解決方式。當孩子出現不當行為，父母也無法控制時，就只能陪在孩子身邊，起碼不要變本加厲。聲音或動作太大是絕對不允

出現不當行為時，請陪在孩子身邊

對啊！
你討厭這樣對不對！

不當行為一出現，就很難壓下來。這時就暫時陪在孩子身邊吧。

要不要去上廁所啊？
嗚嗚

帶孩子到廁所或安靜的房間冷靜一下。
孩子也願意的話，就帶他去吧！

許的。因為，這兩者只會讓情況更加惡化。

父母冷靜地順著孩子的意安撫說：「對啊！你不喜歡對不對！」這樣就能孩子稍微冷靜下來。

等孩子多少恢復到能聽從指令的狀態後，就讓孩子看著能讓自己冷靜下來的地方，問他：「要不要坐椅子？」、「要不要去上廁所？」

讓孩子待在安靜的房間，的確具有鎮定效果，但這只能治標不治本。必須陪在孩子身邊，讓他感到安心、恢復冷靜，才能促進良性的情緒發展。

配合孩子的動作，就能讓他放鬆

雖然當孩子大吵大鬧時，家長可能會忽略到這一點。但這時候一定要特別注意，不要讓孩子傷到自己或旁邊的人。除了要注意孩子本身有沒有受傷外，如果傷到身邊的人，即便是一點小傷，孩子也會認為是自己的錯，甚至遲遲無法釋懷。因此，為了不傷到任何人，最好的辦法就是從背後抱住孩子保護他。

我所謂的「抱」並不是使盡吃奶力氣壓著孩子。而是讓自己的身體配合孩子的動作，讓他們慢慢放掉身上的力氣。

用力壓住的話，只會讓孩子更大力反抗。你用力我就更用力，這其實就是一種條件反射。

因此，當孩子強力反抗時，你就靜靜地說：「你不喜歡這樣吧？」再配合孩子的動作，輕輕地拉住他。你一拉，孩子就會反射性地拉回來。你就配合這個動作，輕輕推回去。從背後抱住孩子的同時，也配合孩子失控時的所有動作。重複幾次後，你就會發現孩子開始放鬆全身力氣。

等孩子稍微冷靜一點之後，再提示孩子：「差不多該停下來囉！」大多數的孩子就會乖乖聽話，不再大吵大鬧。

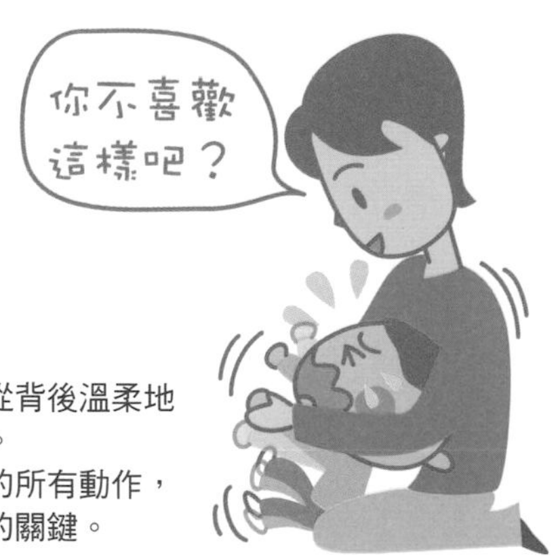

失控時就從背後溫柔地抱住孩子。
配合孩子的所有動作，是很重要的關鍵。

這時候就這麼做吧！——實例與因應

接下來要介紹幾個常見的不當行為與具體的因應方式。沒有絕對有效的方法，還是要看孩子的狀況，參考合適的方法。

視孩子狀況找到因應方式

每個發展遲緩兒童的症狀都有所不同。就算病名相同，症狀或教育指導方式都不可能一模一樣。因此，媽媽必須確實掌握孩子的問題，向專業機構請教最適合的教養方式。話雖如此，但不當行為之間還是有共通點，就某種程度來說，可以將因應方式加以分類。接下來將介紹常見的不當行為與因應方式。但真的沒有絕對有效的方法，凡事都要視孩子的狀況而定。這些僅提供大家做參考。

▶案例一
無法乖乖坐在椅子上，馬上想站起來走動。

堅持度：低↓　**衝動度：高↑**

- 可陪孩子動動身體，大約 1 ～ 2 分鐘。不過，要注意長時間的激烈運動，反而會讓孩子靜不下來。
- 準備孩子有興趣的物品，讓孩子的視線停在那上面。

▶案例二
一直蹲著不動、盯著某個地方。

衝動度：低↓

- 身體容易感到疲倦。老是在睡覺或是發燒。
- 讓孩子休息。

▶**案例三**
一直把注意力放在腳上，動來動去。

堅持度：高↑　衝動度：高↑

- 看看是不是因為鞋子不合腳、襪子脫落之類的原因。
- 先請孩子坐好讓他動動腳，或是玩點手部小遊戲。
- 停止之後，再拿出想讓孩子集中注意力的物品，給孩子看看。

▶**案例四**
不肯從入口進去。

堅持度：高↑

- 先把會讓孩子感到害怕的東西挪開或把人支開，再請能讓孩子感到安心的大人，站在孩子的視線範圍內。
- 消除緊張情緒。
- 嚴禁過度用力碰觸孩子的身體。
- 輕聲細語地跟孩子說話。

▶**案例五**
開始自言自語……

堅持度：低↓　衝動度：高↑

- 做一些嘴部體操（河馬嘴巴、鱷魚嘴巴、章魚嘴巴等）。

河馬的嘴巴

章魚的嘴巴

▶**案例六**
自己隨便繞路亂跑。

衝動度：高↑

- 指示一個能吸引孩子注意的目標物，讓孩子的目光停在那上面。
- 不要隨便停下來，牽著孩子的手，讓他們隨著大人的節奏行走。

案例 4 溫差太大就會坐立難安的小敦

太冷會過動，太熱會發出怪聲

雖然每個發展遲緩兒童的發作原因都不盡相同，但這些會變成一種刺激，造成孩子的不當行為。

小敦因為溫差太大會有強烈的情緒反應。夏天從炙熱的戶外一走進冷氣超強的教室時，剛開始可能會覺得很舒服，但沒多久小敦就開始失控，不肯乖乖坐好，開始跑來跑去。過程中不斷將袖口捲上捲下、甚至用力拉扯，穿在身上的襯衫也變得亂七八糟。

冬天的感覺就跟夏天截然不同。從寒冷的戶外走進溫暖房間的瞬間，興奮到不斷發出「啊～啊～」的怪聲。一開始可能會覺得莫名其妙，但孩子總在同一種狀況下出現相同的不當行為，大人就能慢慢了解，原因應該就出在異位性皮膚炎。異位性皮膚炎會讓皮膚容易受到濕度跟氣溫變化的影響，但由於孩子毫無自覺，無論是太冷、太熱或會癢，都不會主動表達。

只要調整衣服就能改善

許多發展遲緩兒童都有異位性皮膚炎。唐氏症的孩子則多半都有複合性疾病，再加上視力、心臟方面的問題，就連罹患異位性皮膚炎的情況也不少。自閉症的孩子也是一樣。

當知道小敦不當行為來自溫差後，我建議小敦媽媽天冷的時候，可以幫小敦多套一件上衣，視溫度高低來調整衣物多寡。也建議她可以讓孩子改穿棉質衣物，而非合成纖維。如此一來，小敦的不當行為也能獲得控制。

其實，一開始小敦的媽媽並沒有把我的建議當一回事。雖然知道小

敦有異位性皮膚炎，但媽媽並不認為這是造成孩子過動或發出怪聲的原因。最不可思議的是有這種想法的，絕對不只小敦媽媽一個人。

沒有出現嚴重障礙，全都要歸功於父母

小敦還有另一個故事。小敦小一時接受治療，在他身上具備所有重度自閉的症狀。最大的問題就是他無法自主發聲。雖然試過很多方法，但他就是不願意開口。認為單靠課堂上的指導不會有任何成效的我，便建議小敦的爸媽可以陪孩子一起練習發聲。

練習方法其實很簡單。將孩子的手放在爸爸媽媽的脖子上，讓小敦感受發出聲音時喉嚨的震動。每天可以選幾個孩子心情好的時段重複練習。看似簡單，但就難在要持之以恆。不過，小敦的爸媽都希望孩子能主動開口，所以每天都非常認真陪著孩子練習。過了一段時間後，小敦爸媽的辛苦總算有了代價。雖然我現在不記得讓小敦開口的契機是什麼，但應該是因為近距離看到媽媽的臉跟嘴巴、聲音跟喉嚨的震動，對小敦造成刺激，讓他產生了模仿的慾望吧！某天，小敦突然發出「啊～」的聲音。

發出聲音後，接著就是模仿其他人講話的練習。雖然這階段也花了不少時間，但小敦總算肯開口說單字了。他開口說的第一個單字就是自己的名字「敦夫」。這一刻父母的喜悅應該是筆墨都難以形容的吧！

現在回想起來，依小敦的狀況來看，即便出現嚴重的障礙也不足為奇。如果一輩子都沒辦法開口表達自己的需求……。

在不知道原因為何的情況下，只要在某個地方出現過動行為，小敦可能只有挨罵的分。雖然不當行為本身就很棘手，但因為這些行為挨罵，反而會讓孩子累積更多壓力，這也是不容小覷的棘手問題。這些壓力最後都會變成引發嚴重障礙的導火線。長大後才顯現的嚴重障礙，處理起來就更麻煩了。

所幸小敦並沒有出現任何嚴重障礙。我想這都要歸功於小敦的父母從未放棄過，總是充滿耐心的陪孩子做他會做的事。

案例5 一看到電梯就會跑過去的孝志

父母消除孝志對電梯執著的方法

孝志也是擁有嚴重自閉傾向的孩子。凡事都有自己的堅持、過動、一個不留神就不知道跑到哪去。但經過種種訓練後，上小學時，基本的生活自理能力都沒什麼問題。雖然口齒還是不太清楚，不太敢開口講話，但別人說的話大概都能理解。

雖然要克服的難題還是很多。但我認為上小學前能進步到這個程度，已經很了不起。

不過，上小學沒多久後，就出現了棘手的問題。

那時候，孝志是由姊姊陪同，一起跟著路隊走路上學。但從某天開始，走著走著就突然不見蹤影。等大家注意到時，應該跟姊姊走在一起的孝志就這樣消失了，動作迅速到跟平常的孝志判若兩人。

沒多久，就知道問題出在哪裡。因為他突然愛上電梯，一看到就忍不住想跑去搭。上學途中看到的每棟大樓公寓幾乎都有電梯，對孝志來說，每台電梯都有著無法抗拒的吸引力。

沒人知道孝志為什麼會突然對電梯產生興趣。不過，一定是因為搭到某台電梯時，孝志覺得很舒服、很好玩吧！

是因為高處看到的景色很有趣呢？還是因為電梯停下來的瞬間，那種身體飄飄然的舒適感呢？應該是因為這樣的經驗，打開了孝志熱愛電梯的開關吧！

其中，最傷腦筋的就是姊姊。自己得負責將有發展遲緩的弟弟帶到學校，但每天動不動就搞失蹤。為了找弟弟，姊姊天天上學都遲到。遲到還算小事，最怕的就是弟弟出了什麼意外。就算想

選一條看不到電梯的路，但跟著路隊也沒辦法任意改變通勤路線。雖然高年級的學長姐也會幫忙但成效不佳。孝志總是咻一下就不見人影。不知道該如何是好的姊姊，只好找媽媽商量。

用孩子聽得懂的方式進行說明替代方案

知道這個問題之後，父母的處理方式值得讚許。一味否定孩子的不當行為，只會讓情況更加惡化，孝志的父母則是見招拆招。

一開始，媽媽在孝志放學後帶著他走每天上下學的必經道路。孝志一看到大樓的電梯就想衝過去。但此時媽媽跟孝志說好：「等一下一定會帶你回來搭。」讓孝志學會忍耐，乖乖走完這整段路。回到家之後，再帶孝志出門搭電梯，實踐剛剛的承諾。

隔天開始，媽媽就陪孝志走路上學。看到電梯時，就跟孝志說好：「放學之後再帶你去搭電梯。」讓孝志忍住想搭電梯的衝動。這也讓孝志開始期待放學後去搭電梯，搭到電梯時的滿足感也無限擴大。就這樣解決了上學途中孝志突然不見蹤影的問題。多虧孝志具備了聽到媽媽說「雖然現在不能搭，但等一下就能搭」這句話時，能夠加以理解的認知能力與知道要忍耐及等待的情緒能力。

一開始都是媽媽陪孝志去搭電梯，一到假日就變成是爸爸的任務。認為陪孝志搭電梯，能「轉換心情」的爸爸，甚至還會特地帶著孝志，搭電車到風景宜人的地方搭電梯。不只是孝志，搭電梯這件事也變成爸爸的樂趣。

因強烈堅持而產生不當行為時，最好的因應方式就是用孩子聽得懂的方式說明，再拿出別的東西轉移注意力。如此一來，就能消除孩子無謂的堅持。孝志的電梯事件，應該就是最好的實例。

看到每個周末爸爸跟孝志一起出門的身影，讓媽媽有種「父子倆都很享受假日時光」的感覺。家人站在各自的立場，從中尋找樂趣的同時，也能增進彼此感情。

案例 6 小幸會把煮好的咖哩倒掉

完全不知道怎麼一回事的媽媽

小幸的媽媽是在晚上九點多打到家裡找我。光聽聲音，就能感覺小幸媽媽在電話那頭的疑惑。聽完媽媽的說明後，我才知道小幸把媽媽煮好的一整鍋咖哩通通倒掉，而這已經是第二次了。

小幸媽媽嘆了口氣說：「我……真的不知道該怎麼辦才好。」不過，我腦中突然靈光一閃。

發展遲緩兒童的確會做出很多無法理解的行為。有時候是突發的，有時候則是故意做出一些讓人出乎意料的行為。

不過，我認為孩子之所以會做出這些行為，應該都是有原因的。突發性的不當行為，並不是本人下意識想這麼做，只是單純受到刺激，而有所反應而已，行為本身並沒有太大的意義。如果是這種情況，引發不當行為的原因一定就在現場。看似莫名其妙的行為，也都是有原因的。小幸之所以會倒掉咖哩，絕對不是突發，一定有她的理由。

「咖哩事件」的真相是小幸的自覺

5歲的小幸剛來到治療時，完全無法與人溝通，注音或數字也通通不懂。來接受治療的，很多都是重度發展遲緩的孩子。就這點來看，小幸的狀況在我們這是很常見的。我們花了幾年時間，讓小幸反覆練習注音，也讓她學會數字。

「咖哩事件」發生在小幸五年級時，這時的她，已經有一定程度的認知能力。

「小幸說不定是因為……」接到小幸媽媽電話時，腦中一閃而過的念頭，沒想到真的被我猜中了。

小幸是家裡三姊妹的老大。雖然有發展遲緩，但還是有身為長女的自覺跟自尊心。因此，將咖哩倒掉的原因，或許是想跟媽媽一樣把碗盤洗乾淨。我的直覺是這樣告訴我的。於是，我給了小幸媽媽一個建議。

「明天可以試著讓小幸幫忙洗碗嗎？就算是一個小碟子也好。」

媽媽聽了我的提案後，隔天特地準備了一個能讓小幸幫忙洗的碗盤。洗完之後，再請媽媽加上一句「謝謝喔！妳幫了媽媽好大一個忙喔！」這句話也發揮了很大的作用。

在那之後，就再也沒發生過「咖哩事件」了。就跟我猜想的一樣，小幸只是想幫媽媽洗碗，只是一個不小心演變了「咖哩事件」。

不過，為什麼會發生在煮咖哩的時候呢？這也只是我的推測，可能是剛好看到應該要洗好的咖哩鍋就擺在那吧！對小幸來說，咖哩鍋應該就是要洗得乾乾淨淨的。

另外，我後來聽說那時候學校剛好在教畫畫，下課後小幸總是比同學加倍努力地洗著自己的水彩盤。這或許就是「咖哩事件」的伏筆吧！

對小幸的媽媽而言，小幸把自己費了好大一番工夫煮好的咖哩倒掉，是一件很傷腦筋的事。但知道小幸的真正心意後，我其實有點開心。因為看到剛來的時候什麼都不會做的孩子，開始有了「想模仿媽媽」、「想跟媽媽做一樣的事」的想法。

繼「咖哩事件」後，「清潔劑事件」也圓滿落幕

雖然順利解決了「咖哩事件」，但隔沒多久又在學校發生了「清潔劑事件」。學校洗手台上裝有清潔劑的容器被洗得乾乾淨淨的詭異事件，而兇手當然就是小幸。

學校透過小幸媽媽找我商量時，我建議他們「下次可以請小幸幫忙補充清潔劑」。學校也立刻找了很多清潔劑空瓶，請小幸幫忙補充。那之後，就再也沒發生過「清潔劑事件」。事情圓滿落幕。

與孩子的溫馨互動 ② 猜猜看在哪隻手？

將孩子喜歡的小東西放在手上，先讓孩子稍微看一下，再將它藏在某隻手裡，讓孩子猜猜看東西在哪裡。藉此養成就算沒看到實體，也能認識到它的存在，正確指出東西在哪隻手上的能力。

1 將孩子喜歡的小東西放在手上，先讓孩子稍微看一下。只要是能藏在手裡的都可以，沒有特別限制。小朋友最愛的就是小汽車或小青蛙玩偶。

＊小東西很容易誤食，喜歡把東西放在嘴裡的小孩要特別注意。

2 將東西藏在某隻手中，稍微搖晃一下後，請孩子猜猜東西在哪隻手裡。這時候記得要手背朝上，不然會被孩子發現藏東西的手指有凸凸的感覺。

3 讓孩子猜猜看東西藏在哪。猜對時就說「答對了！」

4 也可以出各種應用題，讓孩子猜猜看「紅色在哪邊？」或是「那這隻手有幾個？」藉此認識顏色跟回答數字。

第3章

判斷孩子的認知程度與改善發展的方式

能確實回應他人嗎？知道物品的名字嗎？能確實完成交代的任務嗎？
若想提供發展遲緩的孩子最適切的教育，就必須確實掌握其發展程度，選擇最合適的教育指導方式。

發展遲緩或障礙兒童教育的目標與理念

無論是發展遲緩或障礙兒童還是正常孩子，最基本的教育理念都是協助其身心的健全發展。既然如此，該如何設定相關目標呢？

要從「教育」而非「治療」觀點出發

因為用到「治療」的「療」這個字，所以我個人認為「療育」這個用詞並不恰當。就「協助發展」的字面意義來看，發展遲緩兒童跟正常孩子的基本教育理念，應該是一致的，絕非所謂的「治療」行為。「治療」這個辭彙裡，隱含了「對症療法總會結束」的可能，無法「長期在旁守護孩子的成長」。也因為發展遲緩或障礙兒童所面臨的課題有別於正常孩子，教育目標與方法也

發展遲緩或障礙兒童的三大目標

第一

打造親子之間的溝通方式。

第二

讓孩子學會調節自己的情緒，
以便融入社會生活。

第三

盡可能讓孩子多學一點口頭
表達的辭彙。

有顯著不同。我認為發展遲緩或障礙兒童的教育，也就是協助其發展的目標有以下三點。

發展遲緩或障礙兒童教育的三大目標

知道自己的孩子有發展遲緩時，很多媽媽都會大受打擊。為了讓自己冷靜下來，知道孩子的問題所在，並設定目標是很重要的。

我認為發展遲緩或障礙兒童教育的第一個目標就是要打造親子之間的溝通方式，不侷限於言語，無法用言語溝通，也可以利用身體語言。對與人溝通能力較弱的發展遲緩兒童來說，找到適合的溝通方式是很重要的。

第二個目標就是讓孩子學會調節自己的情緒，以便融入社會生活。發展遲緩兒童會專注在某件事物上，受到刺激就會陷入混亂，無法控制自己的情緒。但要融入社會生活，最不可或缺的就是調節自己的情緒。

第三個目標就是盡可能讓孩子多學一點口頭表達的辭彙。雖然說溝通方式不僅限於言語，但若找到跟孩子的溝通方式後，盡量多教孩子一點辭彙。畢竟出了社會後，言語還是有其必要性的。

重要的是激發孩子學習動力並感受樂趣

不過，也希望父母千萬別認為「沒達到三個目標，孩子的一生就毀了」。重要的是希望在過程中能激發孩子的學習動力或讓孩子感受樂趣。就算想讓發展遲緩兒童學會與人溝通並融入社會，但其實做家長的選項並不多。在這為數不多的選項中，如何讓孩子過著與一般人無異的生活，就是發展遲緩教育的終極目標。

激發孩子的學習動力
並讓孩子覺得開心是很重要的

覺得對孩子好的事，全都試試看吧！

每個發展遲緩孩子的需求跟教育方式都不一樣。
先假設一個「這麼做就會這樣」的前提，然後放手去挑戰吧！

如果有10個孩子，該做的事至少有10種

我在第34頁曾說過，若無法用言語溝通的話，可以從身體或物品接觸開始。每個孩子都有自己專屬的教育方式。

因此，我認為只要是對孩子好的，就全都試試看吧！最後，再從中找出最合適的方法。具體來說，可以根據下列三個過程來找出指導方針。

第一找出孩子「現在需要的東西」。

針對能使用2～3個字組成的

答案不只一個，可以多方嘗試

1 找出孩子「現在需要的東西」	ex.	知道顏色或大小的概念嗎？
2 幫孩子找出適合的「手段」	ex.	用球還是用積木比較好？
3 找出最適合孩子的「教學法」	ex.	應該要排好放在孩子面前？還是讓他自己做選擇？

片語的孩子來說，下個階段的重要目標，就是要逐漸確立孩子對物品的概念。只設定目標是很抽象的，根本還算不上是指導方針。因此，為了達到這重要目標，找出孩子「現在需要的東西」就變得很重要。

認識物品的第一步，就在於是否擁有「同、異」概念、分辨自己所聽到的物品名稱，以及是否能理解兩種不同屬性所組成的詞彙（如：「紅色三角形」、「白色鞋子」等，由形容詞跟名詞所組成的詞彙）。平常就確實掌握孩子的理解能力以及擅長的事物，就能知道他「現在需要的東西」。

第二就是找出適合的「手段方式」，讓孩子得到他現在需要的東西。具體來說，就是決定要使用何種道具。

即便只是顏色教學，能使用的教具就五花八門。看孩子是對有顏色的球還是杯墊大小的色板有興趣？每個孩子適用的教具都不一樣。對積木很有興趣的孩子，使用貼上色紙的積木，也是個不錯的方法。

第三，該如何使用這些教具來指導，也是因人而異的。有些孩子一定要先看到相同顏色的球在自己面前排好才肯開始。也有孩子可以收集好相同顏色的卡片放進盒子裡。沒有一個人可以一開始就找到「現在需要的東西」以及適合的「手段方式」與「教學法」。只能藉由觀察孩子的發展階段、特質與狀況，找出最適合的指導方針。

有孩子不喜歡球只喜歡色卡，因此道具也是五花八門。

不能一味執行，要先立假說再行檢證

雖然有機會都要試試看，不過事前先立假說也很重要。

可以先像：「我認為這孩子現在需要的是這個。」、「這功能可能有問題，就用這方法教教看吧！」、「這麼做應該會有反應」等，像這樣進行某種程度的推測。結果不如預期的話，就換個方法試試看。

對孩子成長來說，認知與情緒好比車子的兩個前輪

發展遲緩兒童的教育，大多著重在認知發展。但孩子的認知發展也會受到情緒影響，所以也應該多加留意情緒方面的問題。

孩子情緒不穩定，硬逼著學也沒用

我第30頁時曾說過，所謂的認知就是從理解他人說的話，到採取適當行為的過程。對正常孩子來說，這沒什麼大不了。不過，對認知發展較為遲緩的孩子而言，不了解他人說的話，或是理解也無法化為行動，當然就更別說什麼採取適當行為了。聽到「坐椅子」的指令時，如果不懂「椅子」或「坐」的意思，就無法完成這個指令。孩子不是不想做或是反抗，只是不知道是什麼意思而已。因此，就必須從「椅子」跟「坐」的意思開始教起。

不過，就算了解了這些辭彙的意義，或許也無法立刻反應，並做出適當的行為。因為，有時候孩子會對周遭的人事物毫無興趣，還沒做好心理準備的話，也無法採取適當行動。

第32頁時也有提過，情緒是人為了活下去而讓自己動起來的能量來源。產生努力讀書的慾望，或是順利完成某件事的成就感、滿足感等的重要能量。無論是讀書或執行他人指令，扮演幕後重要推手的還是孩子的情緒。簡單

想促進認知發展，最重要的就是讓孩子有想自己動手做做看的念頭。

來說，若無視孩子的內心狀態，只是叫他「坐」，孩子絕對不會乖乖聽話的。

情緒會大大影響到認知活動

認知與情緒原本就是無法拆開討論的。若稍微整理一下兩者之間的關係，簡單來說，認知活動的運作取決於情緒發揮了什麼作用。情緒安定的話，認知發展也比較容易。

有些孩子只要一做錯習題，就會很氣自己，開始大鬧。只要一生氣，原本會的也變得不會。這些都是情緒會嚴重影響認知的實例。

就我這麼多年來觀察過無數發展遲緩的經驗，我知道認知發展與情緒發展的程度大多都是一致的。若情緒發展程度較低，其認知活動也會受限。若因嚴重障礙，讓孩子的情緒過於偏向「堅持型」、「衝動型」、「協調型」的某種情緒的話，就會連早已擁有的認知能力，都無法順利發揮。

亞斯伯格症雖然看似與認知發展有關，但其實情緒發展的起伏也會影響到認知。某些能力會特別突出，但也有極為棘手的東西。這也是認知與情緒息息相關的證據。

過去，我都會將認知與情緒比喻成發展遲緩兒童教育這台車的兩個前輪，兩者的關係十分緊密。其實這不僅侷限於發展遲緩兒童，正常孩子也是一樣。

差別只在於一般5歲孩子的發展階段就是5歲，但5歲的發展遲緩兒可能就只有2歲。發展遲緩的孩子往後的發展也都會晚於正常孩子，這也是他們的特徵之一。不過，兩者之間的差距並不大，因此無論是不是發展遲緩兒童，其基本教育方針應該都是一致的。

認知與情緒是車子的兩個前輪。要藉由這兩點的相輔相成，來促進孩子的相關發展。

認知執行過程分成「輸入」、「處理」、「輸出」

認知執行過程可分成「輸入」、「處理」、「輸出」，再從中找出問題所在。知道問題出在哪，就能找到具體的教育方式。

知道怎麼一回事，卻不知道該如何行動

發展遲緩兒童常常無法理解他人說的話並做出行動。比方說，聽到「坐椅子」這個指令時，他們無法作出行動。這時候，媽媽就會破口大罵「給我坐好！」，造成孩子的恐慌，讓情況更加惡化。可是，這些孩子並不是明知故犯的。

那為什麼他們不肯乖乖聽話坐下呢？到底是哪裡出問題了？

這極有可能是因為認知執行過程的某處出問題。為了找出問題點，我將孩子的認知執行過程分為「輸入」、「處理」、「輸出」。這是教育心理學家霍爾思坦（Reuven Feuerstein）教授所提倡的學說。雖然人類大腦並不像機械一樣，依「輸入」、「處理」、「輸出」的順序運作，但為了方便找出問題點，也是可以用這樣的方法來分類。

一邊觀察孩子的反應，一邊推測問題點所在

輸入功能的問題，首先就出在孩子的視線無法移到「椅子」上，也無法認識其存在。有時甚至不知道「椅子」或「坐」的意思。在這種情況下，無論重複多少次「坐椅子！」，孩子也無法理解。

就讓孩子理解「椅子」跟「坐」的意思，並讓孩子將視線集中在「椅子」上吧！不過，有時候孩子會對椅子上的木紋產生興趣，一動也不動地盯著椅子看。而若聽到「椅子」無法連結到「坐」這個動作，就屬於處理機能的問題。

將「椅子」跟「坐」相互連結，本人明明也很想坐，但有時候就是做不出來。這個問題就出在輸出機能。雖然有坐下的意識，但卻站在

從沒看過的椅子前一動也不動。

由上述的例子可知，原因其實有很多。若無法正確掌握，就不能對症下藥。許多家有發展遲緩兒的媽媽之所以不知道該如何是好，其實都是因為不知道問題到底出在哪。因此，最重要的就是要找出問題到底是出在「輸入」、「處理」、「輸出」的哪個環節。

但這些問題是無法從外觀判斷的。要觀察孩子聽到「坐椅子」這個指令時，視線與態度出現何種變化，再從這些反應中推測問題出在哪。不過，只要有留意孩子平常的樣子，其實就沒有什麼太大的問題。「輸入」、「處理」、「輸出」的具體判斷方式，可參考第69頁的表格。

為什麼不肯坐椅子呢？

有好好看著「椅子」嗎？

知道「椅子」或「坐」的意思嗎？

是不是在堅持些什麼？

從最容易觀察的「視線」來研判其輸入能力

眼睛是心靈之窗。雖然跟孩子講話時，很難知道他到底有沒有在聽，不過，從視線來判斷孩子是否有在吸收情報，相較之下就比較容易。

是否有認真盯著眼前的東西？

輸入能力的問題，可分為兩種。第一是能不能聽或看到某項物品。第二就是雖然有聽到或看到，但能不能理解呢？

首先，就先來看第一個問題吧！就前頁的例子來看，孩子的問題出在不認識「椅子」的存在（第二個問題可參考第72頁）。

比方說，可以在跟孩子玩積木遊戲時，拿積木放在孩子眼前。認知功能發展大幅落後的孩子，就對積木跟拿著積木的人毫無興趣，連看都不看一眼。如此一來，就無法藉由視覺輸入相關情報。若是這種情況的話，就必須嘗試視覺以外的輸入方式。如果會看積木的話，就必須了解孩子會持續多久、視野有多寬、視線是否

視覺輸入的程度？

可以持續看多久？
可以看多久？
視野有多寬？
視線會不會追著跑？

會隨積木移動等，在「讓孩子看東西」這方面，多下點工夫。不能因為不看就責罵或逼孩子看，而是要配合孩子的程度，在視線範圍內讓孩子看到積木，速度太快跟不上時就放慢移動速度。做不到也不要勉強，知道孩子能做到何種程度，再慢慢向上提升，這才是最基本的教育方式。

認知功能的判斷要點　（參考弗斯坦（Feuerstein）學習評量製作而成）

❶ 輸入	★知覺情報收集的接受度	：小 ⇔ 大
	★視覺印象的清晰度	：模糊 ⇔ 清晰
	★聲音印象的清晰度	：模糊 ⇔ 清晰
	★學習探索的計畫性	：衝動型 ⇔ 系統型
	★理解言語、概念	：不足 ⇔ 發展
	★空間概念	：不足 ⇔ 發展
	★時間概念	：不足 ⇔ 發展
	★永久性保存	：不足 ⇔ 發展
	★對情報收集正確性的慾望	：不足 ⇔ 高
	★同時思考兩個以上訊息來源的能力	：不足 ⇔ 發展
❷ 處理	★掌握問題的能力	：不足 ⇔ 發展
	★選擇將問題明朗化的手段	：不足 ⇔ 發展
	★自發性的比較	：不足 ⇔ 自發
	★作業記憶的同時處理能力	：直覺型 ⇔ 擁有短期、長期記憶力
	★對視覺印象的執著	：執著 ⇔ 自由轉換
	★對聲音印象的執著	：執著 ⇔ 自由轉換
	★聲音印象的分割、結合	：執著 ⇔ 自由轉換
	★對文字與文章的認識速度	：慢 ⇔ 快
	★知識（資料）	：不足 ⇔ 有
	★是否能掌握現實情況	：現實與想像的區別
	★將個別情報加以結合	：低動機 ⇔ 自發性
	★假設推理性的思考	：思考頻率低 ⇔ 具備其能力
	★依時序處理能力之「為什麼」的論理性	：欠缺 ⇔ 會想找出論述
	★對假設的檢證能力	：欠缺方法 ⇔ 有方法
	★計畫性的行動	：欠缺 ⇔ 有計畫
❸ 輸出	★使用想表達的言語	：自我中心 ⇔ 想表達
	★反應	：先做再說 ⇔ 思考後再行動
	★解答	：衝動型 ⇔ 思考後再回答
	★視覺印象的重現	：不明確 ⇔ 正確重現
	★聲音印象的重現	：不明確 ⇔ 清楚重現
	★思考	：停止、僵化 ⇔ 冷靜思考
	★情報傳達	：隨便、不正確 ⇔ 嚴密正確
	★視覺移動	：不全 ⇔ 正確重現
	★語言能力	：不充足 ⇔ 適切
	★隱藏其中的關連性	：不懂 ⇔ 能加以分辨
	★操作力（手指分化）	：不全 ⇔ 發達

將孩子能使用的視覺及聽覺功能發揮到極限

認知遲緩的原因之一，就是不看、不聽，對所有事情都沒有興趣。不過，應該還是有一些能從外界獲取情報的手段。

視覺型的孩子跟聽覺型的孩子

訊息輸入方式不只視覺，還有聽覺。人可以分為擅長用眼睛跟用耳朵獲取情報兩種類型，發展遲緩兒童也是一樣。第一次見面時，我大概就看得出孩子是屬於「視覺型」還是「聽覺型」。

前頁提到的是不會認真看著某項物品的孩子，但他說不定是屬於「聽覺型」，真是如此的話，就無須執著於視覺輸入，而是利用聲音加強印象，藉此輸入腦中。

無論是哪種類型，最終目標都是要讓孩子同時運用視覺與聽覺進行輸入。但若一開始活用孩子擅長的視覺或聽覺機能，也能促進認知能力的發展。

聲音的高低、強弱或發出聲音的人，都會影響到孩子聽聲音時

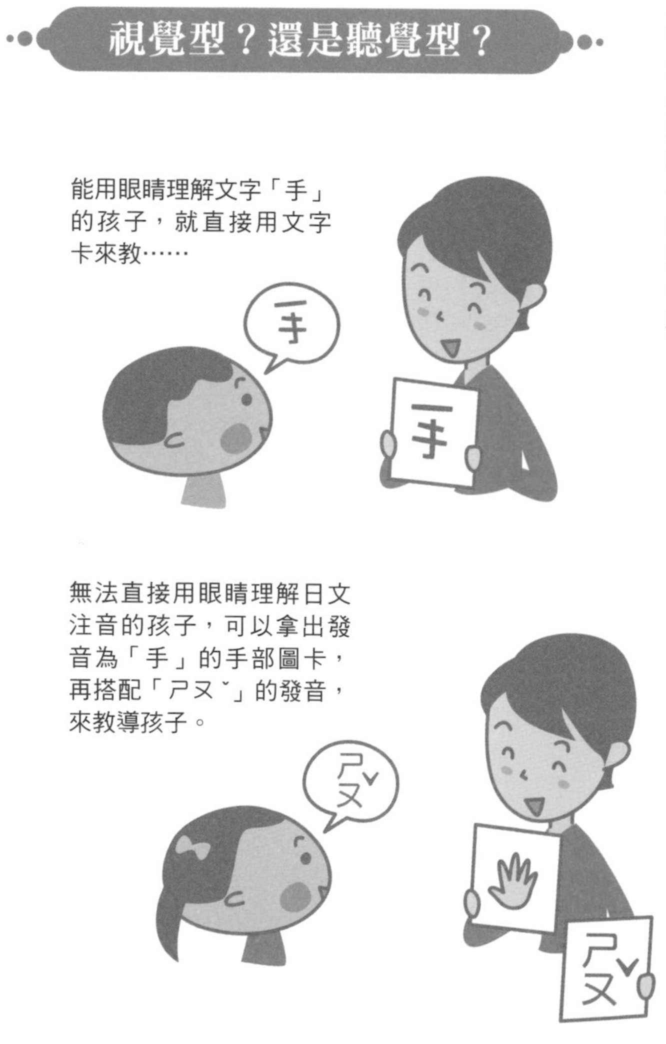

能用眼睛理解文字「手」的孩子，就直接用文字卡來教……

無法直接用眼睛理解日文注音的孩子，可以拿出發音為「手」的手部圖卡，再搭配「ㄕㄡˇ」的發音，來教導孩子。

的反應。因此，要盡可能讓孩子聽會有效果的聲音。

視覺跟聽覺反應較慢的孩子可從觸覺著手

視覺跟聽覺反應都不發達的孩子，可以利用觸覺或運動反應。

觸覺的話，可以讓孩子用手拿或接觸積木。一開始孩子可能不知道要握緊，但可以放在手心上，讓他握握看，體驗一下觸感。

運動感覺則是藉由身體活動，讓孩子記起這種感覺。有很多唐氏症的孩子聽覺跟視覺都沒有那麼發達。一開始只讓這些孩子看看圖片或聽他人說話，是無法獲得充分學習的。

如果想教孩子什麼是球，可以準備幾種不同種類的球，一顆一顆放在孩子手上，並告訴孩子：「球。一樣的。」再請孩子依順序放進盒子裡。像這樣藉由觸覺與行動，讓孩子用身體來學會什麼是一樣的球。

這方法也能應用在「大小」與「顏色」上。將相同「大小」與「顏色」的物品放在孩子手上，再按照順序放進相同盒子裡。

長大之後想教認字時也是一樣的道理。光用看或聽的，記不太起來的話，可以邊說、邊讓孩子看他認得的字，再藉由接觸字的形狀來實際寫寫看，這樣就記起來了。

總而言之，教育時就是要將孩子所擁有的功能發揮到極限。

觸覺&運動感覺的指導方式

如果是直接聽聲音或看物品都沒什麼反應的孩子，可以將東西放在他手上，利用觸覺來學習。

聽覺、視覺較弱的孩子，可以讓他藉由身體活動來學習，藉此提高認知能力。

訊息輸入最不可或缺的就是對物品名稱的理解

不知道「椅子」、「積木」等物品名稱，根本就無法輸入任何訊息。若想再提高難度的話，也必須要具備空間與時間觀念。

從物品名稱到概念的理解能力

訊息輸入功能的第二個問題就是能否理解對象物品。最初級的就是能否理解「椅子」、「積木」這些名詞。如果不懂的話，就無法輸入任何情報。而「椅子」也有各種形狀與類型。如果對「椅子」的理解只有眼前看到的這把，看到其它形狀或類型的「椅子」可能就無法理解了。知道眼前的是「椅子」跟看到各式不同大小類型的椅子時，都能理解這就是「椅子」的程度，是截然不同的。

知道什麼是「椅子」後，
就要理解「椅子」的概念

先讓孩子從認識眼前的「椅子」開始。

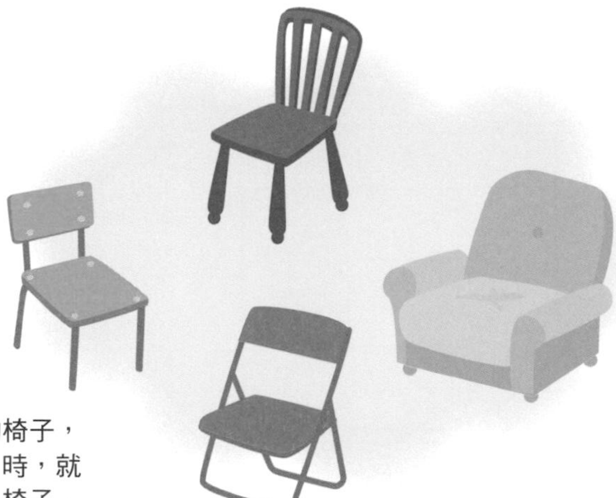

看到各種不同種類的椅子，都能知道是「椅子」時，就表示孩子已經理解「椅子」的觀念了。

空間觀念與時間觀念的理解

就算知道「積木」、「椅子」這類有具體形狀的物品名稱，但要理解空間或時間這些抽象概念的難度就更高了。以「將椅子拿到廚房」的指令為例，就算知道「椅子」或「廚房」的意思，但不知道「廚房」位置的話，孩子就不會有所行動。有些孩子就無法從空間的角度，掌握自己目前所在地與「廚房」的位置關係。

此外，如果沒有「什麼時候要拿過去」的時間觀念，也沒辦法有所行動。換句話說，很多原因都會造成孩子無法有所行動。

找到原因，才能知道要教什麼，並決定要給孩子練習的習題。如果不知道原因的話，就無法對症下藥。

問題五花八門。原因究竟出在哪裡呢？

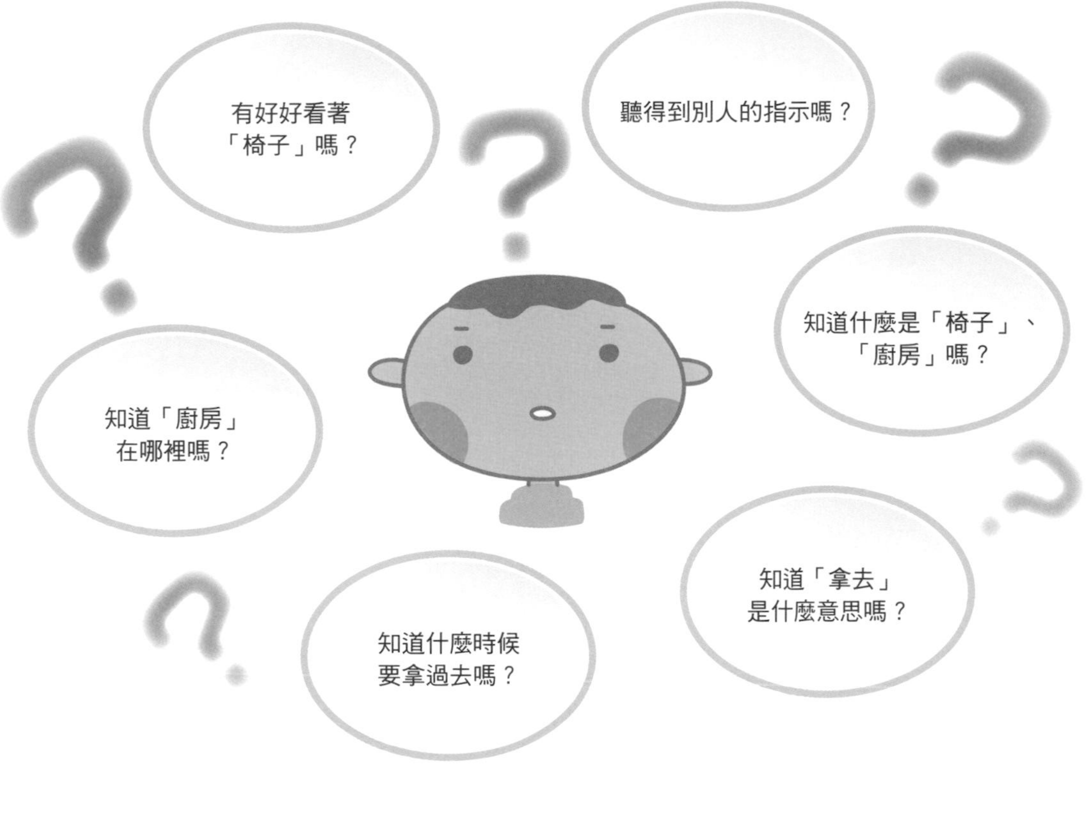
有好好看著「椅子」嗎？
聽得到別人的指示嗎？
知道什麼是「椅子」、「廚房」嗎？
知道「廚房」在哪裡嗎？
知道「拿去」是什麼意思嗎？
知道什麼時候要拿過去嗎？

訊息輸入後若無法適當處理，也不會有所行動

輸入完畢後，如果處理能力有問題，就可能無法採取適當的行動。問題五花八門，處理方式也有所不同。

處理能力出問題時，最重要的就是要找出原因

「輸入後無法處理」的情況中，最好理解的就是對對象物品過於執著，導致處理能力停滯。比方說，孩子看到椅子時，因為執著於椅子上的螺絲，就會目不轉睛一直盯著看。若發生這種情形，就先用其它物品取代會讓孩子產生執著的東西。

有時候也會發生明明已經理解物品名稱或概念，卻無法相互連結進行處理的情況。一直偷瞄椅子跟廚房的方向，卻遲遲無法付

處理機能的問題也是五花八門

執著於對象物品
而動彈不得。
工作記憶（Working
Memory）出現問題。

諸行動，這可能是因為孩子沒辦法連續處理「拿椅子」、「走到廚房」、「放下椅子」這三個動作。此時，可以協助並教導孩子將「拿椅子」、「走到廚房」的動作一一完成。

也有可能發生因對指令的記憶能力較弱，而無法採取行動的狀況。這種情況下的記憶能力被稱為「工作記憶（Working Memory）」，跟物品名稱的記憶能力是不一樣的。這是為了隨時判斷下一秒該做的動作，將前一秒的視覺、聽覺情報記起來的能力。

「工作記憶（Working Memory）」太弱的話，無法記得當下的情報，只好沒頭沒尾地到處走來走去。這時候，就必須仔細並具體地告訴孩子下一步要做的動作。

依序處理與同時處理

就人的認知來看，一般可分為「擅長將事情依照時間順序處理」跟「同時處理」兩種類型。

就以「把杯子放到眼前的小盒子上」的練習為例吧！說明時，有些孩子要先看一下盒子，老師再指出盒子的「上面」。接著再看一下杯子，再指示「放」的動作，才能理解這一連串的動作。

這就是依序處理型的孩子。

另一方面，也有看到「杯子放在盒子上」的最終結果，才能理解的孩子。這類就是屬於同時處理型。

大致上來看「聽覺型」的孩子，多半屬於依序處理。「視覺型」的孩子同時處理的能力較強（第70頁）。若想提升教育效果，就必須在進行指導前，先了解孩子要用何種方法較容易輸入與處理。

依序處理型與同時處理型

依序處理型的孩子，
出題時要按照順序才
比較好理解。

同時處理型的孩子，
讓他看到整體情況才
比較好理解。

輸出功能有問題，無法採取適當行動時

有時候也會發生知道眼前物品是什麼，卻不知道該如何是好、無法行動的情況。原因也是各有不同，包括肌力、運動能力，甚至是情緒面的問題。

訊息輸入、處理沒問題，卻無法採取適當行動的原因

偶爾也會有訊息輸入、處理都沒問題，但偏偏無法反應輸出，採取適當行動。之所以會出現這種情況，其原因也是五花八門。

有些孩子明明知道注音的「ㄅㄆㄇㄈ」，卻無法在腦中描繪視覺印象，想寫也寫不出來。

也有因記憶力不足，把字卡拿掉就寫不出來的孩子。這就不是視覺再現力，而是記憶力的問題了。由此可知，就算呈現出來的情況一模一樣，但原因卻截然不同。

輸出問題的原因也是五花八門

無法重現眼前看到的東西的孩子。

依手的觸感來反應的孩子。

此外，也有未經思考就直接行動的孩子。這會讓周遭的人覺得他的反應來自自己手部的觸感。這並不是認知的問題，最大的原因是出在孩子未曾展現出堅持型的情緒。

手指操作或運動能力是否出現異常？

有些孩子因為身體肌肉不夠發達，造成行動不便。又或者是因為手指操作或運動能力不佳，導致動作不流暢。此外，認為自己做不到的自卑感，有時候也會阻礙一個人的行動。將這些現象直接判斷成是因為孩子不想做或聽不懂的話，大人的教育方式就會出現大問題。這點千萬要注意。

產生「不採取任何行動」的強烈堅持時

認知發展與情緒發展息息相關。若逐漸學會一些習題的孩子，突然因某件事而喪失這些能力，多半都跟情緒方面的問題有關。有個資源班的女生，某天突然不吃營養午餐，坐在椅子上一動也不動。就算老師用盡辦法想勸勸她，依舊無動於衷。可是，當聽到某位老師說：「對了！小〇好像是今天營養午餐的值日生。」時，這孩子突然嚎啕大哭。據說是因為「明明自己才是負責營養午餐的人，但卻被其他人搶先，所以無法完成自己的工作」。「無法完成自己該做的事情」的念頭所產生的壓力，讓這孩子全身僵硬動彈不得。也有些孩子只要不小心瞄到自己討厭的教具，就算是放在其他教室，還是會站在原地不動。這是因為孩子心中浮現「不採取任何行動」的強烈堅持。若不解決這些情緒上的問題，當然就無法恢復正常行動。

什麼是對「不採取任何行動」的強烈堅持？

只要遇到自己不喜歡或有所堅持的事情時，就算知道，但身體還是變得動彈不得。

根據發展階段，設定合適的習題

有沒有因為急著想知道結果，而給了孩子太難的習題呢？或是因為太簡單，讓孩子失去興趣或幹勁呢？

過於勉強，只會造成孩子的壓力

教育孩子時，知道孩子正處於何種發展階段，並給予適當指導是非常重要的。習題不能太簡單，也不能太難。

以感覺動作期的孩子為例，他們是沒有語言的。即便已經2歲，但還處於此階段的話，就無關於本人的幹勁，單純只是不會使用言語。

就算是這樣，但還是有些媽媽拼了命想讓孩子開口說話。尤其當孩子只是在喃喃自語一些單字，媽媽問他的時候，根本什麼都答不出來。但不死心的媽媽還是不斷追問：「這是蘋果啊！快說蘋果啊！」我明白媽媽的苦心，但過於強求的話，恐怕只會讓孩子感受到強大的壓力。

開始記單字時，最有學習效果的方法就是「要跟著老師說喔！」及「單字復誦」兩種。只不過，要是因為孩子答不出來，就不斷重複某個單字硬逼孩子開口這種做法是毫無意義的。

硬逼孩子開口，只會造成孩子的壓力。

雖然喜歡，但讓孩子重複做一樣的事，就不用期待孩子能有所成長了。

根據發展階段與孩子所擁有的能力來挑選習題

根據發展遲緩孩子的發展階段，從最容易入手，不會造成負擔的地方開始指導是很重要的。對沒有言語的孩子來說，一開始只能不斷重複「訊息輸入」。

若太拘泥在「分不出顏色」、「沒有大小概念」這些問題點上的話，就會出現瓶頸。若不能使用孩子已具備的能力快樂學習，教育的過程中可能會受到重重阻礙。

可以秉持著「這種程度的話，我家小孩也做得到」的想法來試試看。如果試過好幾次都失敗的話，就可以懷疑「是不是我的方式有問題」。比方說，也是會發生因為用照片或實物來取代常用的插畫，結果就出問題的情況。

沒興趣可能是因為習題太簡單了

總是乖乖地做著某件事，也可以解釋為家長只讓小孩重複相同的動作。給喜歡拼圖的孩子一大盒拼圖，就不管他們了。乖乖拼圖時，的確是不會出什麼問題。只不過，教育的目的並不是只讓孩子乖乖聽話就好。若只讓孩子做會做的事，也就不必期待孩子能有所成長了。

無論孩子有多喜歡，但只要重複個幾次，就會變得很簡單。也會讓人逐漸失去興趣。這種傾向跟是不是發展遲緩兒童無關。對習題沒興趣，並不是不想做，多半是因為太過簡單了。如果因此認為孩子沒有幹勁的話，就會抹滅了孩子的無限可能。

習題是不是變成一種考試了？

偶爾會看到有人將習題變成某種考試的氛圍。

讓孩子看「椅子」的圖卡，再問他「這是什麼？」，如果孩子能回答的話，就是最好不過的。但孩子很明顯就是答不出來的話，不斷重複某個問題，並不會讓孩子的能力有所提升，到頭來只會淪落為判斷孩子不會做哪些事情的考試而已。

若是這種情況的話，就必須一開始邊說「這是椅子喔」，邊讓孩子看看眼前的圖卡。接著再立刻追問說「這是什麼？」。這樣才能打造出「回答正確答案」的環境。

無法順利行動時，就必須使用有效的指示語言

即使了解說話內容，但也不表示孩子就能立刻做出與目的相符的行動。無法順利行動時，就用指示語言來提醒孩子下一步的行動吧！

慢慢放開輔助的雙手，大人示範讓孩子模仿

原本沒有任何反應的孩子，也能藉由長期的身體與物體互動，開始學會與人溝通。在這個階段，雖然還無法以言語溝通，不過還是可以從旁協助，讓孩子慢慢學會做出與目的相符的行動。

就以「請孩子將用過的教具物歸原處」為例吧。一開始只用口頭方式告訴孩子「收好」是行不通的。這時候，就要一邊跟孩子講話，一邊將教具放在孩子手上，牽著孩子將教具拿到原本擺放的地方。當孩子有了某種程度的理解後，就慢慢放手讓孩子一個人去做。若孩子能獨立完成這項任務的話，就示範該如何整理教具，請孩子加以模仿。只要用比手畫腳的方式，就能看到孩子的顯著進步。

剛開始時牽著孩子的手，陪著孩子一起做。

慢慢放手，讓孩子一個人去做。

能放手後，就用比手畫腳的方式進行指示。

剛開始時，指令要分得很細並且按部就班

假設孩子已經慢慢能聽懂大人說的話，就能透過言語指示孩子做出與目的相符的行動。剛開始，要用一句話交代完所有事情是有困難的。這時候最有效的就是指示語言。指示語言指的是事先掌握每個行動並重複進行指示。比方說，要請來到教室的孩子，脫掉鞋子進教室，到位子上坐好。但其實要一口氣說完這些指令，並不簡單。

首先，孩子走到玄關時，就提出「脫鞋子」的指示。脫掉的瞬間，立刻進行下一個指示「拿著鞋子，進來」，這樣就能避免孩子把鞋子丟在那不管。接著，指示孩子「進教室」，站在椅子前面告訴孩子「坐」。以短句告訴孩子下一個要做的動作。

像這樣將每個動作細分後加以指示，孩子就能慢慢理解這一連串的動作。經過反覆練習後，只要一句話就能完成一連串動作，這就是此一訓練的重要目標。

重複指示言語，促使孩子完成一連串的動作

光靠打造生活模式是不夠的

為了讓孩子記得身邊大小事，打造日常生活的行為模式是有其效果的。只不過，也必須培養當這模式被打破時，也能隨機應變的能力。

善用孩子的執著與堅持，打造日常生活的行為模式

我們常會看到有強烈堅持的孩子，必須按照決定好的順序，才會有下一步的行動。要去療育機構時，一定要走一樣的路才甘心。進教室前，一定要自己按鈴的話，就會不開心。而我們也經常看到，一定要先踏出某隻腳，不然不會上樓梯的孩子。

這樣的堅持常會造成日常生活的不便。但請不要嫌麻煩，而是要有某種程度上的配合與陪伴。一直鬧脾氣的話，也可以帶著孩子回到玄關讓他按鈴。

為了讓孩子可以自理，我們也可以利用這樣的特性，打造出日常生活的行為模式，決定日常生活的順序，請孩子按部就班行動。凡事都有自己堅持的孩子，也會對這些順序非常執著。因此，可以說是讓孩子學會生活自

打造日常生活的行為模式，就某種程度來說，是有其效果的……

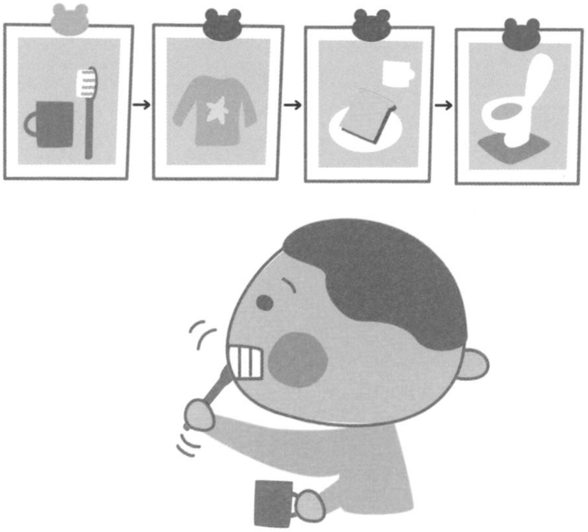

把一連串的動作拍照列印後，貼在牆上。孩子會在確認的同時，完成所有動作。

理的有效方法。

比方說，可以先決定好起床到出門的順序，刷牙、換衣服、吃早餐、上廁所……。再將這一連串的動作拍照列印出來貼在牆上。有些孩子就能邊確認順序，邊獨自完成所有動作。

單靠這樣的行為模式，是無法培養孩子隨機應變的能力

不過，就算因此讓孩子學會自行處理日常生活大小事，但這並不表示孩子能理解自己所做出的行動。因為，孩子多半只是機械式地依步驟行動而已。但若出現某些問題而無法按順序行動時，孩子可能就會呆站在原地不動。

尤其是很固執的孩子，極度討厭不按順序做事。只要遇到這種情況，就會出現不當行為，這樣根本就無法說是在教育孩子過著跟一般人無異的生活。

某種程度的模式化，是有幫助的。不過，我認為偶爾打破這些模式，培養孩子隨機應變的能力，也是很重要的。

如果是用照片將日常生活的順序貼在牆上的話，可以把照片換成插畫。會認字之後，就可以換成「刷牙」、「換衣服」等字卡。可以換個順序，故意讓孩子覺得不安，也是方法之一。

如果是堅持一定要自己按鈴的孩子，若看到孩子熟悉教室環境，就可以貼張紙遮住門鈴。孩子可能一瞬間呆站在教室前，但只要立刻給予「進來」的指令，就會乖乖進教室了。這也是不再對門鈴有所堅持的瞬間。

這些順序、模式瓦解的當下，孩子或許會出現不當行為。但我認為做好因應危機的準備，並試著挑戰看看，就長遠的眼光來看，對孩子的發展來說是很重要的。

沒看到門鈴的當下，可能會有點不知所措……

案例 7 花了三年時間教她「紅色」的廣子

對孩子來說很困難的色彩概念

廣子來我們這的時候才3歲。第一次是跟著爸爸一起來接受治療的，在此之前，已經輾轉換過好幾個地方。

廣子不會說話，是個無法跟她取得溝通的孩子。我還記得她一碰到討厭的事，就會全身僵硬地蹲在地上。雖然不會到處跑來跑去，但手不時晃動也是一種過動傾向。

無法進行任何必須坐在桌子前的練習，只好先從身體的互動開始。接下來才是物品的接觸。雖然後來跟我開始有些互動，但就練習來說，一點進展都沒有。

在那之後，在練習方面有了些許進步，但總是原地踏步的就是有關色彩的課題。她並非對色彩的感覺出現異常，而是不知道顏色。後來好不容易知道什麼是「藍色」、「黃色」。但「紅色」一定是留到最後。

在孩子面前準備紅藍兩塊圓板，輪流指著說「這是紅色，這是藍色」，將這些概念輸入廣子腦中。雖然沒什麼太大反應，但我們還是持續將訊息輸入。

能看到某種程度的反應後，就進入下一個階段。說著「這是什麼呢？」的同時，再拿另一片紅色色板在廣子眼前晃動。接著邊說：「要找一樣的喔！」邊將這塊色板，放在剛才擺在廣子面前的紅色色板旁邊。放好後，雖然跟廣子說：「好！請給我紅色」。不過，她卻依然無動於衷。

對發展遲緩的孩子來說，顏色是很困難的概念。顏色是一種形容詞，多半都擺在名詞使用。比方說「紅色鉛筆」「藍色鉛筆」等。

孩子好不容易才記住「鉛筆」這個物品名稱。因此，要讓他們理解眼前的物品，除了「鉛筆」這個名稱外，還有紅、藍等等的顏色概念，難度可以說是相當得高。

就廣子的情況來說，光是跟她說：「請給我紅色。」就花了三年。我們當然也換過許多方式來教她，但也足足花了三年，才讓廣子知道要把紅色的球拿給我們。即便如此，我們還是對廣子是否擁有色彩概念這件事存疑。

媽媽有所改變，廣子也起了大變化

廣子的另一個大問題，就是媽媽的教育態度。雖然媽媽非常疼愛廣子，但這卻會嚴重阻礙孩子的成長。即便無法完成習題，媽媽還是抱著廣子，稱讚她說：「妳好棒喔！」哇哇大哭時，也會溫柔地抱著廣子安慰她。上了小學之後，還是用照顧小嬰兒的方式，抱著廣子，跟她說話。因此，外人並不認為廣子有在認真聽媽媽說話。從廣子的眼中看來，媽媽就是個無論自己做了什麼都不會計較的安心存在。

某天，實在看不下去的我，就給了媽媽一些忠告。「廣子媽媽，我們知道您很疼愛孩子。但廣子已經是小一的大姊姊了，可以不要用對待嬰兒的方式來照顧她嗎？」並提醒「這樣下去會讓孩子一輩子都無法自立的」。

聽我這麼一說，媽媽可能也回想到一些事情。因此，媽媽的回應也出乎我意料。「您說的沒錯。是我不對」像這樣坦率承認之後，隔天就好像變了一個人似地，不再一味地寵孩子了。

廣子應該也嚇了一跳。所以，不敢再像之前那樣為所欲為，開始會觀察媽媽的表情。雖然一開始有點擔心會造成廣子狀況的惡化，不過廣子卻整個人像脫胎換骨般，變得很認真。

原本老是搞混的顏色理解問題，那之後便順利學會。這讓我重新認識到只要媽媽有所改變，對孩子的影響是這麼的大。

案例 8 原本什麼都不會的小純，現在已是在上班的愛漂亮女孩

原本什麼都不會的小純

唐氏症的小純3歲剛來的時候，什麼都不會。一遇到不懂的事，就立刻全身僵硬，走起路來也像企鵝般一擺一擺的。一句話都不會講，好不容易學會後，卻出現嚴重口吃，根本無法與人正常對話。

不過，這樣的小純現在已經是個每天早上都會化好妝、踩著高跟鞋，搭著電車上班的18歲少女。手機跟通訊軟體更是她生活裡不可或缺的必需品。唐氏症多半屬於易胖體質，但身材苗條的小純，隨時都在留意自己的體重。

學習能力方面，也有顯著進步。中文能力和四則運算也沒問題，日常生活與一般人沒有太大的差別。相較於15年前剛來我們這，小純的成長，大家有目共睹。

手指反覆練習，學會四則運算

小純能有如此顯著的進步，要歸功於小學老師的大力協助。忘了是幾年級時，我們接到小純老師打來的電話：「我教得再努力，小純還是不會計算。所以，才打來請教您。」於是，我建議老師可以讓小純用手指頭算。

2＋4的話，就先從「2」開始，按「3、4、5、6」的順序，邊數邊扳手指，到第四根手指時就停下來，這樣就可以知道答案是「6」。欣然接受我提議的老師，從隔天開始就不厭其煩地指導小純。日積月累之後，小純總算學會數到正確答案時，手指也會自動停下來。

學會加法後，接著教減法。6－4的話，就從「6」開始，按「5、4、3、2」的順序逆推回去，到第四根手指時就停下

來，這樣就能知道答案是「2」了。乘法跟除法，就可以將九九乘法跟手指並用。小純也展現了驚人的學習成果。她不僅學會手指算數，連四則運算都沒問題。

短短一年，文章書寫能力明顯進步

就國文程度來說，小純到五年級注音會認會寫，但就是無法連成文章。不管請小純寫什麼，她就只會用「ㄋㄧㄆㄅㄑㄍ」這類毫無意義的字句填滿整張稿紙。

不過，本人還是有辦法念得出來。因為每次問她寫什麼的時候，她就會看著稿紙說：「我啊！今天……。」只能說她寫的文章是連神明都無法解讀的天書。針對這個問題，我們也跟學校老師聯手合作。「就先來挑戰短文吧！」

升上5年級後，小純當上資源班的班長，只不過同班的都是一、二年級的學弟妹。而班長的工作之一，就是要把當天做過的事情寫成日誌。於是，我們決定從這方面著手。我們先請老師寫好，讓小純照抄。在充滿教育熱誠的老師大力協助下，小純每天都有練習寫文章。當小純開始學會短文書寫後，她的寫作能力突飛猛進。短短一年，就能寫出與一般人相差無幾的文章。小純的天書裡或許真的隱藏了無限可能的力量。

小六的暑假作業，小純將讀書感想留到最後。其它作業都寫完的小純，煩惱「不知道要看什麼書」，因此遲遲無法動筆。其實我也有點懷疑「小純有辦法讀書嗎？能寫那麼長的感想文嗎？」，但沒想到小純居然自己決定好要讀的書！

小純選了寫真集。內容則與馬術比賽有關。看到參賽馬匹飛越障礙物的照片時，小純的感想就只有「馬跳過去的樣子很漂亮。人騎在上面很帥」兩行而已。再附上馬跨越障礙物的照片，就完成這份暑假作業了。

雖然這不能算是一篇值得稱讚的感想文，但小純卻挑了一本自己有興趣的書，並將自己的感想寫成短文。這讓我發現小純其實是個充滿感性的孩子。

案例 9 仔細觀察的話，小光其實幹勁十足

雖然看起來亂七八糟，但我看到了小光的幹勁！

有個跟我很熟的幼兒園老師來找我商量。他說：「小光是個4歲的小男生。不管叫他做什麼，都不是很積極。有時候，習題做到一半就躺在地上。真的不知道該怎麼辦才好。」雖然看起來好像聽得懂大人的指令，但卻完全感覺不到他的學習動力。因此，我決定親自確認一下狀況。

我去拜訪時，20幾個孩子正好坐在位子上玩節奏遊戲。小光就坐在正中間。他的狀況是可以乖乖坐好，玩團體遊戲的程度。只不過，坐得歪歪斜斜的，嘴巴開開流著口水，眼睛也看向別處。乍看之下，真的沒什麼幹勁。

年輕女老師跟著音樂節奏拍手，孩子們也跟著老師一起拍手。隨著曲子進入高潮時，老師的動作，也從拍手轉成拍大腿。其他孩子們看到，也跟著拍大腿。

整首歌只有重複這兩個動作，但卻只有小光一個人總是跟不上拍子。原本以為他會無視老師的動作跟音樂，自顧自的地快速拍手。但沒想到他只是雙手一攤，連拍都不拍。完全無視老師跟同學的動作，大家拍大腿時，就他一個人在拍手。

找我商量的老師就站在我旁邊，看到這情況時便嘆著氣說：「妳看！他一點活力都沒有吧！」

看著這樣的小光，我立刻發現乍看之下亂七八糟的動作，其實就代表小光正努力跟上大家。

比方說，雖然小光都在看別的地方，但他的眼神其實不時會飄

向老師，試圖模仿老師的動作。可惜的是不管他再怎麼努力，就是跟不上大家。因此，看起來就像是亂拍一通。不過，如果仔細觀察，就知道小光已經盡最大的努力了。因此，聽完我的解釋跟「小光其實很認真」的評價後，站在我旁邊的老師也表示贊同。

節奏遊戲結束後，要練習兩人一組抱著大球合力搬到教室另一頭。因為只有兩顆球，小光就得乖乖排隊。其他孩子都乖乖坐在地上，但只有小光一個人躺著。

輪到小光時，他一碰到球就忘記跟自己同組的小女生，自己拿著球就跑了。這種大球，光靠一個小朋友是拿不動的，所以小光跑沒幾步就跌倒了。但就算跌倒，小光還是努力前進，完全不管同組的小女生。年輕女老師趕忙跑到小光身邊，在他耳邊低語。再把大球拿回原處，請他們重新再來過。兩位小朋友總算順利完成任務了。看來，老師的指令有確實傳達給小光。

聽到我說：「他其實聽得懂老師的指示啊！」老師也一臉不可思議地說：「對啊！有時候是會這樣沒錯啦。」

看起來沒什麼活力，是因為身體不聽話

那天，我花了快一個小時觀察小光，透過他的種種表現研判其認知能力比實際看起來低。從躺在地上、嘴巴開流口水、不會說話、無法跟其他孩子做出一樣的動作等跡象來看，小光的症狀並不輕。

因為過去也處理過相同的案例，所以我知道這不是訊息「輸入」或「處理」，而是「輸出」的問題。小光的肌肉可能不太發達，所以嘴巴才會開開的，進而影響到語言能力，也因此造成小光沒事就躺在地上，動作也不流暢等問題。不過，雖然看起來懶懶的，但小光的幹勁跟理解力其實不輸給其他小朋友。

像小光這樣肌肉不發達的孩子，平常得常找機會多讓他走路。除此之外，也可以反覆練習張口閉口、轉動舌頭的動作。而我也建議老師可以這麼做。

與孩子的溫馨互動 ③ 戴手套拍拍手

跟孩子一起，兩隻手各自戴上顏色不同的手套。比方說，右手紅色，左手綠色。直接左手對左手，右手對右手的話，兩邊顏色就會不一樣。如果想要湊到相同顏色的話，就必須有一方的雙手交叉。藉此讓孩子認識到面對面時的「左右」關係。

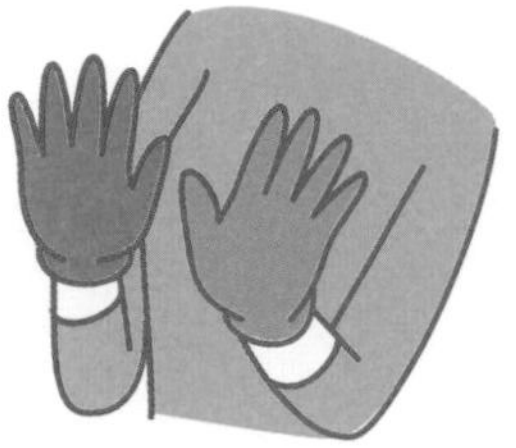

把手套戴起來或脫掉，也能練習交差運動喔。

1 大人跟小孩一起戴上顏色不同的手套。

2 數「一、二、三」後擊掌。咦？怎麼顏色不一樣？

3 顏色要一樣的話，就要有人的雙手交叉。

4 自己交叉之後，發現對方也交叉，顏色又不一樣了。藉此教導孩子面對面時的「左右」關係。

第4章

為了能好好控制情緒

想融入社會，除了認知外，情緒能力的發展也很重要的。學會控制自己的情緒，才能理解自己跟他人的關係，與他人溝通時也能更加圓融。

情緒的三種狀態：堅持型、衝動型、協調型

情緒發展較為遲緩的孩子，會有出現過度偏向堅持型與衝動型情緒的傾向。許多孩子都比較不容易展現協調型情緒，也是特徵之一。

三種狀態經常變化，藉此維持穩定情緒

我在第32頁已經提過，情緒狀態可分為「堅持型」、「衝動型」、「協調型」三種。情緒處於何種狀態，將會大大影響到一個人的行為與感受。因為這點非常重要，為了讓大家有更進一步的了解，我將再次解說這三種情緒的特徵。

「堅持型」指的是對事物的專注力，會轉換為對特定事物的強烈堅持，並向外展現出來。

「衝動型」能活化一個人的身心狀態。處在這種狀態時，就會根據周遭狀況，將自己的狀態快速轉換成該有的行動與注意。甚至會出現興奮，無法冷靜下來的狀況。

「協調型」是減緩堅持型與衝動型的情緒，讓人有稍微鬆一口氣的狀態。處於這種狀態時，就能客觀看待周遭跟自身情況。此時，人的內心會變得悠哉，進而產生成就感、滿足感。

想在社會上立足，必須讓這三個狀態維持在一個平衡狀態，並不時加以變化。身心健全的大人，偶爾也會因為過度沉迷於某事物而忽略掉身邊的一切，情緒也會跟著亢奮起來。不過，通常都是這

三種情緒要時常變化，才能維持情緒穩定

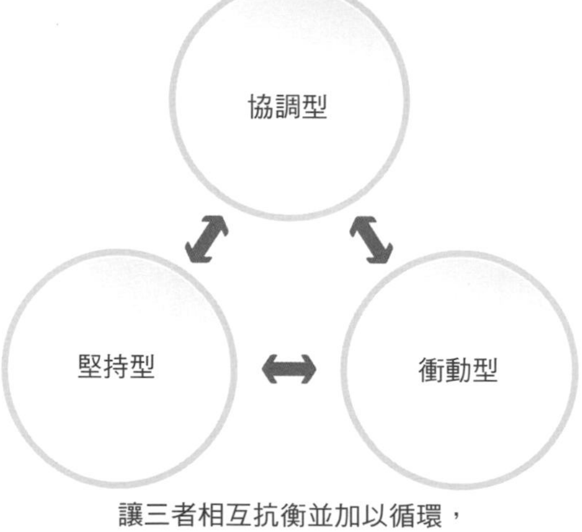

讓三者相互抗衡並加以循環，
才是最理想的狀態。

三種狀態在互相改變抗衡，藉此穩定一個人的情緒。

不過，情緒發展較為遲緩的孩子，則會出現因長期處於堅持型與衝動型情緒，而無法自拔的傾向。換句話說，就是有很多孩子的協調型情緒較為薄弱，因而無法做出適當的行為，與他人的溝通也會出現阻礙。

情緒過度偏向集中或衝動型時會出現的問題

發展遲緩的孩子，經常會盯著從水龍頭滴下的水滴或轉動的電風扇一動也不動。這是因為堅持型情緒位居上風，導致孩子整個注意力都放在水滴、電風扇上。因而也就無法跟周遭的人溝通。

稍微大一點之後，有些孩子在把習題做完之前，絕對不會停手，這也是因為情緒偏向過度堅持型。所以，就會有開始會記東西之後，記憶力就出現驚人成長的孩子。過動、靜不下來則是因為衝動型情緒過度強烈。特別是剛到教室之類的新環境時，過動的孩子才剛坐沒兩秒就立刻站起來走來走去。大家應該都可以推測這是他處於陌生環境時所產生的不安。不過，只要多來幾次，習慣這邊的環境之後，極端的過動行為就會獲得控制。無論如何，過度偏向某種情緒，就無法進行認知教育與溝通。雖然因應方式要視孩子的狀況而定。但若過度偏向堅持型情緒，就讓孩子動動身體，讓情緒轉為衝動型，接著再慢慢變成協調型。過度亢奮時，就拿出孩子有興趣的東西吸引他的注意力，讓情緒轉到協調型。因此，最重要的就是讓這三種情緒相互抗衡並加以循環。

過度偏向堅持或衝動型情緒時……

過度偏向堅持型時，可以抓住孩子的雙手上下擺動，讓孩子產生亢奮情緒，再慢慢轉換為協調型。

過度偏向衝動型時，可以拿出孩子有興趣的東西吸引他的注意，藉此產生堅持型情緒。

情緒發展要從三方面來看

缺乏「協調型」情緒，就無法從客觀角度檢視周遭情況與本身狀態。因此，缺乏對他人的關心，也不喜歡溝通。

缺乏「協調型」情緒，會較難建立人際關係

人類從嬰兒期開始會依序出現「堅持型」、「衝動型」、「協調型」這三種情緒。「協調型」情緒出現後，才能建立與他人的良好關係。

6～7個月的嬰兒會開始期待媽媽來抱自己，被抱起來時也會很高興。這就是嬰兒出現「協調型」情緒的最好證明。若處於「協調型」情緒，人們就會心有餘力去觀察自己跟周遭情況，與他人的互動也能更加圓融。

只不過，有很多發展遲緩兒童，過了嬰兒期後依舊極度缺乏「協調型」情緒。因此，缺乏對他人的關心，無法順利構築與他人的關係。大部分都會過度偏向「堅持型」或「衝動型」，進而妨礙與他人的溝通。

孩子對他人理解程度到達何種程度？

我是從以下三個層面來研判情緒發展的程度。

第一，「察覺外界動靜外，自己會產生何種情緒？」。看清楚朝自己靠近的人是誰時，視線能追得上他的動作嗎？是否會期待大人來跟自己的互動，會因此感到喜悅嗎？

第二，「與他人的互動能達到何種程度，能維持多久？」。藉由與身邊大人的互動，能構築讓自己感到安心的關係嗎？是否期待跟其他人一起玩，做一樣的事呢？

第三，「自己能表現到何種程度？」。聲音聽起來會不會緊張？會發出悅耳笑聲嗎？會跟著其他人發出聲音嗎？

總而言之，了解情緒發展的程度，最基本就是必須看一個人對他人理解的程度。而想了解他人，就必須具備「協調型」情緒。

對他人理解的發展程度

1	將他人與自己混淆	0 個月左右	・新生兒也會模仿大人的臉部表情或嘴部動作。 ・將他人動作當成自己的。
2	尋求刺激、理解視線	1～3 個月左右	・在第一次的互動中，嬰兒可透過對方接近的動作、和善的表情跟看自己的眼神，預測接下來對方會對自己做出的動作。 ・看出養育者下一步動作（意圖）。
3	不用看也能理解對方正在為自己做事	6～7 個月	・餵奶或副食品時，雖然養育者的視線不在自己身上，但會看著養育者跟食物，了解對方是在餵自己吃東西。 ・這是為了掌握整體狀況，心有餘力來觀察四周的情況下，才有可能出現的情況。
4	理解會出現結果的行為模式	6 個月左右	・透過「躲貓貓」這種有固定模式的動作，享受出現預期結果的樂趣。 ・知道對方的動作接下來會出現的結果，抱著興趣跟期待來看對方的行動。 ・因為有了這樣的興趣與期待，就能理解他人視線或手指（他人所關心的事物）方向，或加以模仿。
5	互動模式的記憶	10～11 個月左右	・記得與他人的互動（把東西遞給對方等）。 ・立刻明白自己做什麼，對方會有所回應。因此，積極與他人互動。
6	理解某個動作的涵義（見微知著）	1 歲左右	・言語跟物品・行動都有關聯。 ・從一小部分的動作想到整體動作（用梳子梳頭髮的動作〈就算沒有梳子〉→理解梳頭的動作）。理解那是一個「動作」。 ・學會說話，享受用語言來交換情報與分享感動的樂趣。 〈能感同身受→提升到能理解肉眼看不到的物品〉
7	對感情、欲求的理解	2 歲前～	・互相搶奪或禮讓物品→理解人有生氣、悲傷、喜悅的感情跟對東西的要求。 ・會用「討厭！」、「好」、「不可以」來表現自己的感情。也會用「想要」、「給我」、「多一點」來要求。
8	對感覺、知覺的理解	2～3 歲	・理解動作、物品的性質。 ・理解「好吃」、「重」、「熱」、「冷」等感覺。 ・會用「想～」、「打算～」來表示意圖。
9	對意圖、想法的理解	3 歲	・會用「我知道」、「我想」。 ・會分辨眼前、印象中跟盒子裡的杯子。 ・印象、想法、記憶是由心產生的。無法理解腦中想法與現實是不一樣的。 ・無法理解自己是錯的，總是認為現在的想法是從過去延續到現在的。
10	對思考的理解	4 歲	・知道他人與自己過去想法上的錯誤，還會給人錯誤的想法（欺騙、說謊）。 ・知道即便是一樣的東西，但每個人的想法都會有所不同。
11	對他人想法的理解		知道 A 這個想法是 B 想出來的。

※ 上表提到的「對他人理解的發展程度」，是安藤則夫老師整理出來的理論。我都根據這個表格來研判每個孩子的發展狀況。

教育的目的並不是要壓抑孩子的情緒

孩子耍任性或太固執時，就讓他們去發洩，
最好的處理方式就是先順著孩子的不滿情緒，再告訴孩子替代方案。

讓孩子學會與年齡相符的感情表現方式

發展遲緩兒童的感情表現方式很極端，也經常會引發不當行為。因此，媽媽常會希望能控制孩子的情緒，要他們乖乖聽話。不過，只要是人，就一定會有情緒。硬逼孩子壓抑自己的情緒，只會造成孩子的壓力，引發嚴重障礙。這點千萬要注意。

孩子經常會因為討厭某個習題，所以連碰都不想碰。硬是逼孩子完成的話，最後只會看到孩子嚎啕大哭。不過，這時候也不能只是叫孩子不要哭，偶爾也需要讓他哭一陣子。討厭也是一種很自然的情緒，不需要刻意壓抑。

正常孩子也是會耍任性或是哭個不停。所以說，無論是正常孩子或發展遲緩兒童，都無法像大人一樣調適自己的心情。因此，重要的不是刻意壓抑，而是學會與年齡相符的感情表現方式。

只不過，有時候哭是因為孩子受到某些刺激而過於亢奮。這跟「嘴巴說討厭，又放聲大哭」的情況是完全不同。

因刺激所產生的反應，絕非感情的表現。袖手旁觀的話，恐怕只會讓情況更糟。此時就要將會刺激孩子的物品偷偷藏起來，讓孩子放鬆身體，緩解興奮情緒。

禁止或命令，只會讓問題更嚴重

最常在做練習的孩子身上看到，感到疲倦時面對眼前的習題，孩子就會表現出「不要～」的情緒。

這時候不是用「一定要完成」的態度逼孩子把習題做完，而是拿出其它練習題問孩子：「那這個跟這個，你想做哪一個？」這動作反而會讓孩子安靜下來做出選擇，重新找回幹勁。

討厭寫字的孩子，光看到白紙跟鉛筆就想逃。這時候就要先順著他的意說：「你討厭寫字啊？」再指著白板對孩子說：「那我們去那邊寫吧！」孩子就會開心地跑去寫字。

換句話說，不是硬逼孩子一定要完成。不想做的時候就想一些替代方案，轉移他們的注意力，讓孩子藉此恢復幹勁。

越壓抑只會讓發展遲緩兒童變得越固執，讓問題如滾雪球般越滾越大。盡量避免用「不可以」或「安靜」這些句子來禁止或命令孩子。改變當下的狀況，撫平孩子內心的不滿，才是跟孩子和樂相處的秘訣。

媽媽學會拆除孩子內心地雷，才能讓每天的生活變得更加輕鬆。

這麼做就能消除孩子的不滿情緒

根據孩子當下的情緒來選擇練習題

出練習題時如果沒考慮到孩子心情的話，他們是永遠都不會進步的。此時可以觀察孩子的狀況，挑選簡單一點的習題。

孩子現在的情緒是衝動型還是堅持型？

雖然依認知發展程度，給予適當習題很重要，但也必須看孩子當下的心情來調整。

因為某些原因而心情不好或靜不下來，孩子的情緒是偏向衝動型的。在這種情況下，突然要孩子乖乖坐好，專注在習題上，是不太可能的。不如就從會用到身體的遊戲開始，讓孩子發洩一下亢奮的情緒，再拿出孩子有興趣的東西，吸引他回到位子上。

相反地，若進教室時看到自己有興趣的東西，孩子將整個注意力都放到那上面，一動也不動。這時候硬將他拉進教室，只會造成反效果。說不定還會讓孩子突然出現亢奮情緒。

既然如此，不如乾脆就讓孩子站在原地，放鬆他全身緊繃的身體。並且小心翼翼地站到孩子跟孩子在意的物品中間，將東西擋起來。同時再拿出孩子有興趣的東西轉移他的注意力。

如此一來，孩子也會開始跟著移動。趁著孩子將目光轉到突然響起的電話或閃過教室的人影時，問他：「咦？那是什麼啊？」藉此放鬆孩子原本因緊張而全身僵硬的身體，開始動作。

就算表現不錯，也不能用力鼓掌

先看大人示範再自己將積木堆好或拼拼圖，這些練習都需要高度專注力。因此，在完成習題的當下，孩子的堅持型情緒還處在十分高昂的狀態之下。然而原本在完成後，會產生協調型情緒，稍微鬆一口氣，好好享受一下成就感與滿足感，才是健全的情緒表現方式。

不過，由於發展遲緩兒童缺乏協調型情緒，在無法盡情享受其成果的情況下，會突然無法集中專注力而動起來。此時，打造一個能聽到媽媽說「你好棒喔！媽媽好高興！」，讓孩子再次冷靜的時間，是情緒教育裡重要的一環。

表現再好也不能拍手！

突然拍手的話，會讓原本專注於習題的孩子，因刺激過大而陷入恐慌。

但千萬別在孩子完成練習題時，大聲稱讚、用力鼓掌。只要輕輕說聲「你好棒」就夠了。孩子嘴角上揚，就表示他體會到滿足感。這時就能趁這個機會，轉換成需要活動身體的練習。

針對上小學後可以對話卻過動的孩子，不能只要求他們坐在書桌前安靜學習，偶爾可以讓他們在白板上寫字，或拿東西到處移動。刺激孩子衝動型的情緒，就能創造出更驚人的學習效果。

依孩子狀態調整練習方式

就算是同一份習題，但要怎麼出都要取決孩子當下的狀況。

就以將上色的教具依顏色分類為例，有時一口氣將所有顏色拿出來的話，會造成太大刺激，讓孩子無法依指令動作。這時候，就要視孩子狀況，配合孩子「訊息輸入」能力的程度，改變拿出每個教具的速度。

當然並非每次都得一個一個拿出來，必須依孩子的認知發展階段跟當下的情緒而定，有時候一口氣將所有顏色拿出來，孩子反而比較容易進行訊息輸入。

出練習題時，可以有所變化

有時候一個一個拿出來會比較好…

有時候也可以一口氣通通拿出來。

盡可能跟孩子面對面

看著孩子的視線，說話時讓孩子看著自己的嘴巴，做練習時，盡可能跟孩子面對面。

孩子的視線正在看哪裡？

為了可以依孩子的狀況來挑選習題，希望大家在練習時盡量跟孩子面對面。

特別是孩子正看著哪裡，了解孩子視線所及是很重要的。當孩子發著呆，視線停在半空中時，就必須將習題拿到面前，孩子才有辦法完成「輸入」的過程。

相反地，若對特定事物有著強烈堅持，無法挪開視線時，就必須給予身體刺激，降低孩子的注意力。

無論是何種狀況，都必須跟孩子面對面。

因應方式會依孩子的視線有所不同

孩子的視線
是否飄在半空中？
是否盯著某個東西不放？

只不過，很多發展遲緩的孩子都不喜歡跟人有視線上的交集。拼命想把臉轉開的孩子，就無需勉強。可以先從注視孩子的眉間，讓孩子願意跟你面對面開始吧！

教單字時，讓孩子看著媽媽的嘴巴

第一階段就是讓不會說話的孩子看著媽媽的嘴巴。孩子會模仿媽媽，慢慢學會發音。

有些孩子因為不會吹氣，所以無法說話。可以讓孩子玩一些用吸管吹乒乓球或直接把折紙吹遠的遊戲。透過這樣的遊戲，可以讓孩子學會自行控制呼吸與吹氣。

這樣跟孩子說話是對的嗎？

說話時要看著孩子，才能讓孩子安心。

千萬別站在孩子背後，從孩子看不到的地方大聲叫他。這樣會嚇到孩子，甚至會引起孩子恐慌。尤其是當孩子過度興奮時，盡可能在耳邊小聲說話。

每個孩子都有自己能接受的音高與速度。小孩子比較能接受高音，但高音也可能會造成孩子的亢奮。因此，說話時一定要放慢速度。自閉症的孩子，多半較能接受低音。

知道孩子能接受的音高與速度後，跟孩子說話時，就要視狀況加以調整。

跟孩子說話時，方法也要適當

不可以在孩子背後大聲說話。

亢奮的孩子就要在耳邊小聲說話。

不要長時間停留在某一情緒，要適時轉換

過度集中時，就讓身體稍微動一動，轉換到協調型。
過度興奮時，看是要轉換堅持型，或是讓他有某種程度的發洩。

讓協調型情緒，處在堅持型與衝動型中間

為促進孩子情緒的發展，平常就要養成「要適時轉換，不要長期處於某種情緒」的習慣。

有些孩子過度偏向堅持型，也有些會偏向衝動型。偏向堅持型的孩子，只要碰到自己喜歡的練習，就會很專心，這段時間，就不需要太費心照顧。但也不能讓孩子做太久。持續一段時間後，就要轉換成可以活動身體的遊戲，這樣才能讓促進情緒的健全發展。

高度亢奮的孩子，會一直動來動去，靜不下來。拿出孩子有興趣的東西，讓情緒轉換為堅持型，並設法拉長孩子安靜的時間。

有難度的話，就要一邊留意不要讓孩子過度亢奮，一邊加入可以活動身體的練習，來緩和他的情緒。這時候若再搭配有規律的節奏，孩子也比較跟得上。

活動過身體之後，就來個休息時間吧！在集中跟亢奮情緒之間，插入可以短暫休息的時間。讓孩子知道要適時緩和自己的情緒，就是學會控制自己情緒的第一步。

開始出現過動現象時，可以在不要讓孩子過度亢奮的情況下，加入一些緩慢節奏，讓孩子活動一下身體，藉此緩和情緒。

不讓孩子亂來，情緒交由大人管理

另一個重點就是不要讓孩子自行轉換情緒。

比方說，過動的孩子不太喜歡乖乖坐著學習。就算能暫時坐一下，但也不會持續太久。此時，在孩子失去專注力前，就要先找個機會讓他們站起來玩一玩。但這絕對不是因為小孩坐不住，寵孩子的大人就換種方式來因應。而是要由大人來管理小孩的情緒。

一定要準備孩子有興趣的物品

為了有效管理孩子的情緒，建議大家可以將孩子有興趣的物品帶在身上。將能讓孩子亢奮與集中的物品一起準備好，一定會派上用場的。

如果發現孩子失去專注力，開始要亂跑時，拿出能讓孩子變得興奮的東西，就能避免毫無目的的過動行為。

又或者是當孩子非常執著於某樣物品，眼睛一直盯著不放時，可以拿出他們有興趣的東西，減少他們的固執性。許多孩子都對球這樣的圓形物體很有興趣。所以，球可以說是必備品。

習題做到一半，因為遇到討厭的事，心情變差時，可以默默將孩子喜歡的東西拿出來給他看，藉此避免不當行為。

就算大一點之後，過動傾向稍微獲得控制，但有的孩子，偶爾還是會在無意識的情況下，不自覺地擺動身體或轉動手指。

若大到聽得懂他人指示時，只要提醒孩子「把手放在膝蓋上」。他就會有所警覺，自行停下搖頭擺腦的動作。

為控制過動的指示言語

如果是大到聽得懂他人指示的孩子，只要短短一句話，孩子就能自行停止在無意識的情況下出現的動作。

盡量別讓孩子犯錯，讓孩子覺得有趣

因為一開始可以幫忙，習題就以「答對了！」或「完成囉！」作結。為了往後的教育也能一帆風順，「完成囉！」的成功體驗是非常重要的。

一開始引導孩子找到正確答案，大量製造成功經驗

教育發展遲緩兒童時，媽媽最常犯的錯誤就是讓孩子犯錯。大部分的發展遲緩兒童都極度討厭失敗，不會隨便原諒犯錯的自己。

孩子習題做錯時，如果大聲糾正的話，就會造成一發不可收拾的結果。甚至有些孩子光是看到討厭的習題出現在自己眼前，就會勃然大怒。

如果是這樣的孩子，最重要的就是當他們在做難度較高的習題時，引導他們找到正確答案，答對時，大力稱讚：「你好棒喔！」

引導到正確答案的方法很多

大人覺得很簡單的拼圖，從發展遲緩兒童的角度來看，卻是一大難題。第一次會不知道該從何下手。這時候就要先用「不知道最後拼出來是什麼樣子耶？」這句話，來引起孩子的興趣。一開始也可以先幫孩子拼，剩下最後一片拼圖時，就要將拼圖板轉到孩子正面，問他們說：「這片要放哪裡啊？」，讓孩子自己拼上去。

像這樣有了成功的經驗後，就大大稱讚他：「你盡力了！真的很棒喔。」讓孩子心裡浮現「原來我也做得到」的念頭，也是非常重要的。

稍微習慣之後，就先留下兩片拼圖。先將一片放到孩子手上，問他：「這片要放哪裡？」同時再默默用手遮住錯誤答案，這雖然是在大人引導的情況下所獲得的成功經驗，但也會讓孩子留下深刻印象。

為了讓孩子有所成長，偶爾犯錯也是有其必要性的

話雖如此，但大人動不動就出手幫忙，反而會阻礙孩子的成長。偶爾犯點錯，對孩子來說，都是很難能可貴的經驗。

那麼該選擇什麼時候讓孩子犯錯呢？

發展遲緩兒童會因為接受教育指導，慢慢學會忍耐。學會忍耐之後，就會慢慢接受自己犯錯這件事。犯錯時該怎麼提醒孩子，也是有學問的。犯錯時一定要加以提醒，但很多孩子會受不了別人直接了當地告訴自己：「你錯了。」因此，這時候就要用「好可惜喔！」、「就差一點點了耶！」這類「成功就在眼前」的詞彙來鼓勵孩子。反覆練習後，孩子就會慢慢習慣「不對！」這類的否定表現。

再跟大家分享一個經驗。有些孩子在學習忍耐時，反而會以犯錯時偷到他人的指正為樂，為了聽到大人的指正而故意犯錯。但這樣對學習沒有任何幫助，當孩子故意犯錯時，就當作沒看到吧！

不過，因為這類孩子剛開始時，不管怎麼叫他都沒反應。所以，看到他以故意犯錯為樂的樣子時，讓我感慨良多。

犯錯時該如何因應，也是需要下工夫

案例 10 原本只是叫他名字就會大喊「不要」的小拓進步了！

面談時只會大喊「不要～」，但其實……？

小拓是個非常怕生，不太知道該如何與他人相處的孩子。只要沒見過的人一靠近，就會僵持不動。而且不只初次見面，就連經常碰面的人也是一樣。

小拓4歲時，跟著爸媽一起來接受診療。包括我在內，小拓看到的都是一些不認識的大人，所以跟我們完全沒有任何言語上的互動。面談時就坐在爸媽中間，因為爸媽就在身旁，小拓才能乖乖坐好。不過，跟我卻沒有任何視線交集，面談時也一直低著頭。

跟爸媽交談的過程中，我會故意趁機喊一下他的名字。聽到自己名字的瞬間，他突然臉色大變，彷彿想從我身邊逃走似的扭動身體，大喊著「不要～」。我於是回了「對不起喔！」，接著再繼續跟爸媽面談。那之後又試了幾次，但小拓都只是大喊著「不要～」。就算我換了一些方式如「拓也這個名字好棒喔！」、「不要只說不要嘛」，他還是只大喊「不要～」「不可以～」。

幾天後，小拓媽媽告訴我，結束面談回家後，小拓開心地說：「好好玩喔！」回應我的「不要～」「不可以～」，對他來說都是一種言語上的互動，所以才會覺得很有趣。這件事讓我重新認識到「不能單憑當下的表現，來判斷發展遲緩兒童的行為與心理狀態」。

發展遲緩兒童出現不當行為時，原因一定就在現場

經過那次互動後，小拓正式來接受早療。不過，一進來就搞得我們人仰馬翻。

他原本看到我就已經很緊張了，如果又有訪客出現在教室，讓教室內飄散一絲絲陌生氣息的話，小拓就會全身僵硬，或是一直猛拉自己頭髮。此時，我就會將做習題的速度慢下來，稍微減輕他的壓力，讓他慢慢習慣我的存在。

重度發展遲緩兒童裡，有不少孩子一來到教室就出現大聲尖叫、到處亂跑的不當行為。我在第44頁也有提到不當行為的原因一定就在現場。第一次來時，是因為在陌生的地方看到不認識的人。就算是大人，站在陌生人面前，也多少都會有點緊張。而這樣的感覺會造成發展遲緩兒童的強烈不安，為了逃跑而出現不當行為。

相反地，只要孩子們知道眼前的人事物是可以安心的，就會慢慢冷靜下來。到處跑來跑去，或許是為了將教室的情況輸入腦中吧。不過，也是有過了幾個月才好不容易習慣的孩子。

小拓好不容易習慣我的存在後，對其他老師依舊感到陌生。光聽到隔壁辦公室傳來接電話的聲音，就會全身僵硬。

從聲音開始，讓孩子漸漸習慣與他人相處

有一次，剛好是另一位老師到門口接小拓，他一看到就僵住不動，連拖都拖不動。原本想好好安撫，讓他願意進教室，但沒想到他連鞋子都不肯脫。結果，那天小拓就真的穿著鞋子站在門口，一直等到媽媽來接他。不過，回到家之後，不敢進教室這件事，小拓自己就講了一個禮拜。由此可知，站在門口的那段時間，是小拓想進教室的心情跟無法動彈的身體之間，正在天人交戰的時刻。

為了讓他熟悉其他老師，在練習時，其實也沒有要幹嘛，但我還是會問隔壁辦公室的老師「○○老師，那個處理好了嗎？」，隔壁老師也會在另一頭回答我，藉此讓小拓練習聽其他老師的聲音。另外也會叫住剛好經過教室的老師，讓他稍微露個臉。

一開始是我，接著是其他老師跟工作人員。像這樣慢慢將小拓的人際關係擴展出去。在跟我正常互動的同時，也會跟朋友手牽手一起走。習慣跟其他老師練習習題時，就能跟朋友一起走進老師辦公室。

案例 11

來我們這就能安心上廁所的自閉症小俊

讓孩子自行選擇，藉此激發其學習慾望

自閉症的小俊只會使用「給我！」、「還要！」這些要求性的詞彙，其它時候都只是重複別人說過的話。專注力也不夠，只能跟特定的人有些許的互動。

讓我們最傷腦筋的是只要看到老師拿出講義，他就會強力抵抗，連看都不看一眼。無論是哪種習題，只要一看到紙張，他就會立刻轉過身去，這樣根本就沒辦法練習，重點是還持續了蠻長一段時間。

不過，我們努力做了許多嘗試，在經歷無數失敗後，終於知道這時一定要同時拿出兩份講義，請小俊自行選擇。這時候，小俊就會乖乖地說「這邊」，開心地選出自己想做的習題。之前的強力抵抗，就好像從未發生過一樣。

換句話說，提供兩種視覺情報，讓本人做選擇，就能激發他的學習慾望。

另一個問題則是挑選時小俊都會用力將我手上的講義抽走。除了講義之外，只要是別人拿出來的東西，他都會用力搶走。

這是在發展遲緩兒童身上常見的行為，有些媽媽會認為「他只是想拿這東西而已，不用太計較」。但「搶」跟「拿」是截然不同的兩種行為。必須讓孩子學會「別人給你東西時，掌心要朝上用雙手去接」的習慣。

小俊也是一樣。學會挑選講義後，就要開始練習怎麼去接別人給你的東西。

在安心的環境裡就能發揮潛能的小俊

有一次上課時，小俊右手無名

指包了繃帶。問他怎麼了，他用很痛苦的表情看著我，用所知道的單字回答：「碰！啪嘰！痛痛痛。嗚～。」後來聽媽媽說，我才知道他站在檯子上玩時，朋友跑過來撞到檯子，小俊摔下來造成無名指骨折。我光聽就覺得痛！

不過，這件事讓我最驚訝的是，依小俊的認知程度應該是無法說明狀況的。但他卻用自己知道的單字，告訴我到底發生什麼事。

那時的小俊已經非常熟悉我們這裡的環境跟老師，所以總是很期待來上課。在這樣的環境中，做到了他原本不會的「狀況說明」。

這件事告訴我，大人不能單憑一己之見就擅自決定發展遲緩兒童「會這個，但不會那個」，應對時也不能用一套方法貫徹始終。

廁所是最放鬆的地方

我之所以會發現，小俊在我們這裡覺得最放鬆的地方，是因為看到他一來就衝去上廁所。其實小俊在家裡也不太愛上廁所，但在我們這覺得放鬆，自然就有便意。也經常因為占據廁所太久，而遭到其他人的抗議。不只小俊，每個來到我們這的孩子都很喜歡我們的廁所。或許是因為覺得放鬆吧！所以，廁所，總是很多人。

另一位自閉症的孩子——慎二也常常去上廁所。而且這孩子一定會叫老師來看他的便便。這是因為慎二有異食癖，就連不能吃的東西也會塞進嘴裡。所以，都會有人觀察他的排便情形，久而久之就養成習慣。

有一段時間，慎二的異食癖非常嚴重，讓我們都很擔心。曾經排出大量的拼圖、甚至還有彈珠。還有一次是看到大量由樹脂製成的通心粉狀枕頭填充物。

跟媽媽報告時，媽媽也因為家裡沒有那種枕頭，覺得很莫名其妙。媽媽跟我們都不知道慎二到底是在哪找到這麼大量的填充物，又是在哪吃下肚的呢？直到現在，也依舊沒人知道真相到底為何。這樣讓人傷透腦筋的小俊跟慎二，現在都在就讀國中的資源班，在團體裡依然可以自由自在地行動。

案例12 熱愛新事物的小靜所擁有的學習慾望

重度自閉症的小靜也能有驚人成長

國中生的小靜雖然是資源班，但學習慾望絕對不會輸給正常孩子。她最擅長的就是數學，期中考時，跟普通班的同學們考一樣的內容，成績也在平均之上。舉小靜的例子，就是要告訴大家，就算重度障礙的孩子也能有驚人成長，每個孩子都充滿無限可能。

上小學之前的小靜，是個讓我不禁懷疑「這孩子真的能像正常孩子般成長嗎?」的重度自閉症兒童。不會說話，無法透過言語指示進行溝通。一點聲響就會極度敏感，出現相當激烈的反應。心情不好時會大聲尖叫。可以說是集所有不當行為於一身的孩子。同時也是個極度過動的孩子。別說坐在椅子上，就連要她待在固定位置都不可能。聽媽媽說，她連幼稚園音樂會時，都沒辦法上台表演。因此，來我們這的首要目標，就是「別再讓她出現不當行為」。

過動是不能刻意壓抑，而需要某種程度的宣洩。因此，藉由拍手等需要做動作的習題，讓孩子發洩其過動性，並同時導入能提高孩子專注力的習題。藉此逐漸拉長孩子專注的時間。

特別要注意的是同一個習題，不能持續太長一段時間。一直做同一件事，會讓孩子精神渙散，沒多久就站起來。在孩子即將失去集中力之前，先回到需要做動作的習題，發洩其過動性。練習一段時間後，再導入另一個能提高孩子專注力的習題。像這樣動態與靜態習題交叉進行的話，兩邊都能有所進展。

優於正常孩子的音感與節奏感

上小學後，我發現小靜的音感與節奏感非常好。這可能是因為她從小就對聲音就很敏感吧。相較之下，視覺支援（以插畫方式協助學習的方法）就沒什麼效果。由此可知，小靜是典型的「聽覺人」。

小靜唱歌或演奏樂器的能力，都優於正常孩子。升上小學4年級時，就能跟其他同學一起參加演奏會。同時也能開始參加學校裡的團體行動。

小靜在認知面也有顯著的進步。但由於資源班的課程稍嫌不足，所以我們都會準備一些數學或國語講義，讓大家練習。每次看到這些講義，最開心的就是小靜，其中表現最好的則是記憶力跟數學能力。

不過，口頭表達能力就差了一點。因為她的口齒不是很清楚，所以聽不太懂她想表達的意思。對話的時候也總是慢半拍，常會變成別人說東，她扯西。

即便如此，她還是很認真聽別人說話，也能了解對方的意思。熱愛追求新知，只要看到第一次出的習題，眼神就會閃閃發亮，也會很認真地寫完這些習題。因此，六年的小學生活，就像媽媽所說，有了「如夢般的驚人成長」。

小靜也非常期待自己的國中生活。因為看到念國中的姊姊，看著教科書的樣子，讓她從小就對國中生充滿憧憬。可是，國中資源班卻拿不到她百般期待的教科書。也沒辦法像姊姊那樣念著教科書，讓小靜非常不滿。好幾次都跑來跟我說：「我想學數學。」因此，升上國中之後，我們還是會讓她繼續寫講義。數學講義會教到質數、因式分解，國語講義則跟語言學習有關，一直持續到現在。

因為口頭表達能力較弱的第一印象，讓人常常低估了小靜的能力。不過，透過這次的考試成績，老師們應該就能知道小靜的認知能力是很高的。所以，我也非常期待學校能因此改變今後對小靜的指導方式。

與孩子的溫馨互動 ④ 棍子傳遞

透過一公尺的長棍，與孩子相互傳遞，藉此互動。先將棍子放在孩子手上，再請孩子慢慢將棍子，滾到自己手上。學會這個動作後，就可以鬆開雙手讓棍子往下掉，請孩子接住。

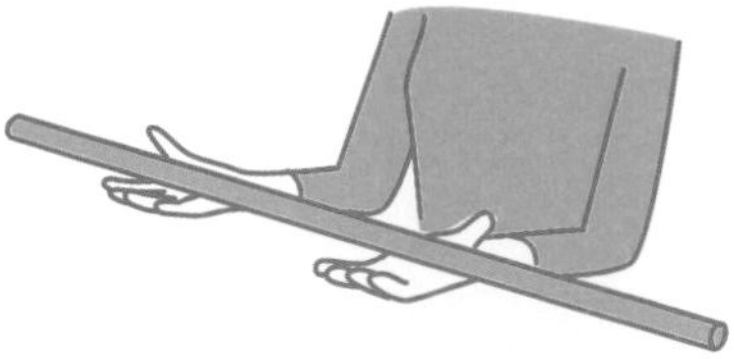

藉此培養「握」、「拿」、「注視」、「追視」、「丟」等綜合性的動作與專注力。

1 將棍子放在孩子的手心上。這時如果用力往下壓，不太知道怎麼握東西的孩子，也會反射性地將棍子握住。

2 接著，再請孩子將棍子放在大人的手背上，慢慢往回滾。

3 學會傳遞動作後，大人可以將棍子拿高一點，再鬆開雙手讓棍子往下掉，請孩子接住。孩子有認真看著從大人手上掉下來的棍子嗎？

4 一下子要求孩子要用手接住棍子，會有一些難度。因此，一開始用雙臂抱住也無所謂。成功的話，再慢慢拉高距離。

第5章

家有發展遲緩兒的家長心態

發展遲緩並不是因為父母的養育方式出問題。所以不需要沮喪、焦急，更不要放棄。照顧孩子的日常生活起居一定會很辛苦，但也不要把問題通通丟給專業機構，平常就要隨時陪在孩子身邊。對孩子而言，媽媽才是最好的避風港。

不管有沒有發展遲緩，育兒的基本概念都是一致的

雖然無法跟正常孩子相比，但發展遲緩兒童一定也會有所成長。要讓孩子成長茁壯的首要條件，就是身邊大人千萬別放棄。

雖然辛苦，但千萬不要放棄！

家有發展遲緩兒童的媽媽，一定很辛苦。孩子講不聽，又成天惹麻煩，一定有很多媽媽都因此感到身心俱疲吧！

不過，就我20多年的經驗來看，可能會多花一點時間，但無論是抱持何種障礙的孩子，都一定會有所成長。因此，在他身邊的每個人，千萬不要放棄。

發展遲緩兒童的確從小開始，各項發展都較為緩慢。就算施予適當教育，也很難奢望他們跟正常孩子一樣順利地長大。

正常孩子在小學高年級時，就會展現出自己的獨特性格，選擇自己想要的生活方式，並擁有強烈的自我主張。雖然他們的人生經驗比不上大人，但如果要過社會生活的話，其實就跟大人沒有什麼不一樣。

不過，發展遲緩兒童就算升上高中，還是有很多看不到自我主張的孩子。如果不等到成年，就跟小孩子沒兩樣。

在孩子3歲前就發現有發展遲緩，並給予適當教育的話，他們還是可以融入正常孩子的朋友圈裡，過著普通的社會生活。雖然發展遲緩的症狀不會完全消失，但這樣就算是達成「過著跟普通人一樣的生活」這個目標。發展遲緩兒童的相關教育，我希望至少要持續到高中畢業為止。

每個孩子，都須費盡心思照顧

我個人認為，發展遲緩只不過是情緒或認知發展過程中的某種變形。就連正常孩子，也或多或少會出現一些小問題。

大家小時候都會鬧脾氣，讓媽

每個孩子都會成長

一開始沒有任何反應的孩子，

拿東西給他看時，
眼睛會追著跑。

開始會跟他人對話。

也會寫字。

媽傷透腦筋。而且這種事絕對不只一兩次而已。

這絕對不是什麼異常行為，只是無法像大人一樣控制自己的情緒。即便如此，大人也是會執著於一些雞毛蒜皮的小事上，或是突然變得很興奮。

因此，我認為發展遲緩並不是什麼特殊疾病，只是發展過程中的某種變形，比一般人大了點。

正常孩子也會鬧脾氣，在叛逆期時，也經常不聽大人說的話。不過，正因為是自己的心肝寶貝，媽媽絕對不會去計較這些，還是含辛茹苦地將孩子拉拔長大。

發展遲緩兒童也是一樣的道理。雖然比正常孩子還要花時間，麻煩事也多了一些。媽媽應該每天都過得很辛苦吧！不過，育兒說穿了不就是這麼一回事嗎？

希望各位媽媽都能用積極樂觀的態度來面對這一切。

隨時留意孩子的心理狀態

在孩子的成長過程中，幫忙最多的就是爸爸跟媽媽。
不管是怎樣的孩子，最不可或缺的就是爸媽軟硬兼施的教育方式。

在與他人的互動下，逐漸發展的「協調型」情緒

不管是否為發展遲緩的孩子，育兒的基本概念都是一致的。因此，平常隨時留意孩子的心理狀態，就顯得相當重要。

如第33頁所示，在情緒發展的過程中，「堅持型」與「衝動型」會依序出現。正常孩子在出生六個月後，就會出現「協調型」情緒。是否能健全發展，就取決於孩子跟媽媽以及身邊所有人的互動。

孩子因不開心而放聲大哭時，只要到孩子耳邊輕聲地說「對啊！我知道這樣很討厭！」，表示自己對孩子情緒的贊同。就算無法立即獲得改善，但這麼一個動作，就能讓孩子感到安心。大人要做的並不是想辦法叫孩子不准哭，而是要陪伴孩子宣洩當下的情緒。

跟孩子相處時，不能像朋友要當個大魔王

陪伴孩子宣洩情緒跟寵溺是不一樣的。最近有些媽媽，可能是為了拉近與孩子的距離，就用跟朋友相處的感覺來帶孩子。

比方說，看到孩子要伸手碰不能摸的東西時，媽媽會一邊觀察周遭，心想「這個可以摸嗎？」，一邊誠惶誠恐地提醒孩子。甚至還有跟著孩子一起摸的媽媽。這些絕對不是我所謂的「陪伴」。

原本對小小孩而言，媽媽是絕對性的權威，負責告訴孩子「什麼事情不能做！」的最高指揮

偶爾得告訴孩子「什麼事情不能做！」

官。因此，對孩子來說，媽媽不應該是朋友，而必須是如同大魔王般的存在。

有個孩子平常沒什麼專注力，視線總是到處亂飄，身體也一直不停擺動。不過，只要看到爸爸出現，就會因為緊張，神情變得相當專注。練習時還會偷偷觀察爸爸的表情。由此可知，家裡的大魔王就是爸爸。像這樣「只要情況一改變就能專注」的案例裡，就隱含了改善其過動症狀的可能。雖然太緊張不是件好事，但我們也需要存在適度緊張感的人際關係。

也有一些發展遲緩的孩子無法將母親視為絕對性的權威，所以很難去建構常見的母子關係。不過，就母子關係的建構來看，告訴孩子「什麼事情不能做！」，具有相當重大的意義。唯有打造出「聽媽媽的話好安心」的信賴關係，陪伴的效果才能應運而生。

雖然辛苦，但終究是自己的孩子……

雖然無法一整天都陪在發展遲緩的孩子身邊，但在孩子成長到某個程度前，請媽媽盡量陪伴。這是情緒教育裡不可或缺的重要條件。不敢一個人上廁所，來找媽媽說想「尿尿」時，千萬別嫌麻煩，一定要跟他一起去！在陪伴的過程中，就能建立起孩子的安心感與信任感。

我認識一個用嬰兒車推著都已經3歲的孩子到處跑的媽媽。但這孩子不可能一輩子都仰賴嬰兒車，所以我建議媽媽「可以讓孩子練習一下走路喔」，但媽媽只回我說：「他又不會。」完全不打算讓孩子練習。

因發展遲緩而無法行走的孩子，一開始可以先幫孩子設定一個近在眼前的目標，再由大人牽著孩子的手，不斷反覆練習。但說出「他下面還有弟弟妹妹耶！我沒那個美國時間」這句話的媽媽，只想把責任通通推給療育機構。孩子當然也無法跟嬰兒車說再見了。

雖然有時不知道他到底在想些什麼，但孩子最信賴的還是媽媽。我知道很辛苦，但終究是自己的心肝寶貝，就多陪伴在他們身邊吧！

孩子最相信的就是媽媽

不要用大人的常識來判斷孩子的行為

大人的「一定是這樣」這種常識性判斷，幾乎不適合用在小孩身上。拋開一切成見，認真觀察眼前的孩子，就能看出孩子真正的心情。

你認為積木只能堆嗎？

「我們家孩子不會玩積木。」當我們認為孩子可以進入積木練習時，孩子的媽媽突然冒出這句話。仔細聽的話，應該就知道媽媽想說的是「我家孩子不會堆積木」。媽媽的話究竟隱含了什麼涵義呢？

很多大人都認為積木的玩法，就是要將積木堆成某種形狀或圖案。但第一次看到積木時，孩子腦中的想法絕非如此。

不能用大人的常識來判斷發展障礙兒童。

不能用大人的常識來判斷發展障礙兒童

對孩子來說，積木不一定是要用堆的。

盯著看或讓它在地上滾，都算是一種積木遊戲。

遇到這些不會「玩」積木的孩子時，我一開始就先讓他們看看積木。看了一陣子之後，就拿起圓形積木在地上滾。如此一來，孩子就會呆呆地盯著在地上滾動的積木。接著再將四角形的積木拿到地上滾，但這塊積木就是滾不起來。滾完之後，再依序將兩塊積木放在孩子手上，讓他知道兩塊積木的觸感是不一樣的。在這樣的過程中，孩子就會展現出對積木的興趣。對孩子而言，這也算是一種積木遊戲。

大人經常會拿自身的經驗跟常識，來檢視孩子的所作所為。但或許孩子的真正想法跟你想的完全不一樣。因此，養成習慣，細心觀察孩子的一舉一動，了解目前是什麼狀況？為什麼會變這樣？藉此來推測孩子的心情，是很重要的。

孩子總是動來動去，不一定是自己願意的

這是我在某校資源班看到的案例。有個孩子的手會一直揮個不停，這是典型的過動。老師發現這個情況，就站到孩子旁邊陪他一起揮手。我跟老師請教原因時，老師說：「因為看他揮得很開心，我就陪他一起揮了。」原來在這位老師的眼中，揮手的孩子看起來很開心啊！不過，這就表示這位老師對發展遲緩根本就一無所知。

無論是手揮個不停或專注看著鑰匙孔，做出這些行為，不一定是孩子自己願意的。只是對某種刺激（若以鑰匙孔為例，鑰匙孔本身就是刺激的原因）產生反應而已。

因此，跟著一起揮手只會更刺激孩子，讓孩子的反應一發不可收拾。從這個例子裡，我們可以看到最危險的就是在沒有充分了解的情況下，就用一般常識去判斷一個人的行為。

對過動的孩子來說，很多動作都不是自己想做才去做的。只因為身體受到刺激，自然而然就產生反應。

旁邊的人也跟著做出一模一樣的動作時，身體會越來越不受控。

成果不會立刻顯現，一定要耐心等待

發展遲緩兒童的成長，多半都以極為緩慢的速度進行。不過，在長期陪伴的過程中，就能看到孩子一步步地在改變。

焦急地大聲激勵，反而會造成孩子的壓力

站在家長的立場，我想提醒大家「成果不會立刻顯現，一定要耐心等待」。雖然有些孩子一來上課，馬上就展現出驚人的成長。不過，這些都是極少數的例外。大部分孩子的進步幅度都是非常緩慢的。尤其是不會說話的孩子，我一開始只會讓他們觀看以及聆聽各式不同的東西，再藉由這些互動，不斷將這些訊息「輸入」孩子的腦中，但卻很難看到孩子有「輸出」過什麼東西。

有些心急如焚的媽媽，就會忍不住大聲替孩子加油，但這樣只會給孩子帶來壓力，造成反效果。

冷靜的話，就能看到孩子的微妙變化。藉由反覆練習，讓孩子自行完成一些看起來微不足道的事情，自然而然就能進入下一個階段。教育發展遲緩兒童，是很花時間的。但如果太過急躁，不僅是認知發展，就連溝通都會出現問題。最後只會讓孩子陷入痛苦深淵。

討厭的不要逼他，就從孩子喜歡的事物開始吧！

急著逼孩子完成某項習題，只會給孩子帶來壓力。大家要知道「欲速則不達」，為了不讓孩子心生排斥，就必須從他喜歡的事開始。

不過，這並不表示討厭的就可以丟在一邊。可以在孩子練習喜歡的習題時，加入一些他不是那麼喜歡的題目。如果想讓孩子做一些不喜歡的習題時，就必須將每個步驟分得更細，讓他能一步一步慢慢來。為了讓孩子克服自己做不好的部分，大人也必須事先做好萬全的準備。練習的過程中，可趁著孩子的厭惡感逐漸淡化之際，慢慢將時間拉長，再加

入另一個孩子討厭的習題。

像有些太過認真的媽媽就會不斷催促孩子練習。但逼得太緊，也是會出現反效果的。因此，最重要的是讓孩子做自己喜歡又擅長的事，讓他們從中獲得滿足感跟成就感。

另外，出新習題時，一定要特別小心。第一次就以失敗收場的話，孩子就會非常討厭這份習題。

確實掌握孩子個性，出習題前就知道他到底會不會喜歡。沒辦法改的話，就必須在出題方式上多下點工夫。以從1數到10為例吧！「喜歡圖形，但討厭數字」的孩子還不少。突然把數字擺到這些孩子眼前，簡直就是自討苦吃！

方法之一是將畫有蘋果的圖卡，一張一張遞給孩子，請他們由左至右排列整齊。而這些圖卡背面，寫了數字的1～10。因此，圖卡要從1開始依序遞給孩子。通通排好之後，再將圖卡翻過來，就可以看到數字1～10。小孩都很喜歡把東西排整齊跟翻面的動作。當他們沉醉在排列與翻面這兩個動作時，就自然能將數字牢記在腦海中。要讓孩子學會抓東西，也是有難度的。這時候，可以用透明膠帶捏成一顆球，讓孩子練習抓取。其實也不用刻意去抓，因為膠帶自然而然就會黏在手上。剛開始就用這種方法來練習，過關後再慢慢提高難度。

也有些孩子討厭某些顏色跟大小。討厭「紅色」或是討厭「小東西」的孩子。指導時就可以換成「黃色」或「大東西」。

這些問題明明只要花點心思就能解決，但卻常常被忽略。導致很多孩子一看到習題就覺得討厭。

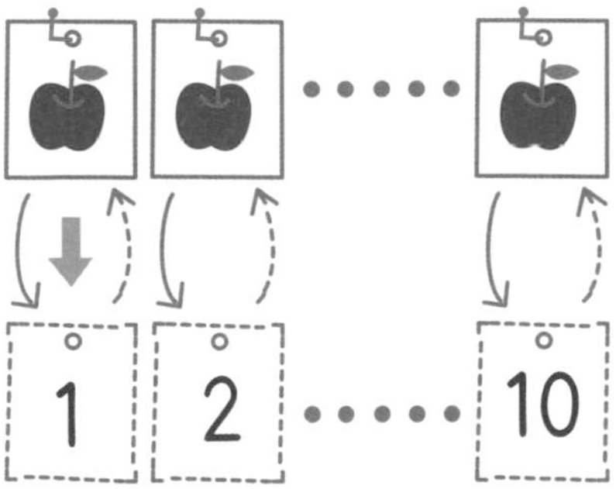

遇到孩子討厭的東西時，只要搭配孩子喜歡的物品，就能消除孩子的厭惡感。

不是媽媽的錯，要更有自信！

媽媽有自信的話，也會為小孩的發展帶來正面影響。更重要的是，媽媽一定要負起責任堅持到最後一刻。

媽媽有自信，孩子就能更沉穩

孩子的發展遲緩，絕對不是因為媽媽不讓孩子跟其他小朋友玩，或是太寵孩子。我也要再強調一次，這跟媽媽的管教方式無關。

但這並不表示就不需要管教，所以千萬不要有「既然發展遲緩，教再多都沒用」的想法。如果想讓孩子成為在社會上生存的一員，就必須讓孩子學會這社會的遊戲規則。因此，「管教」是有其必要性的。

不過，如果有媽媽認為孩子的發展遲緩是因為自己的管教不當，這樣的悲觀想法也會給孩子帶來不良影響。孩子當然也會感受到媽媽的自責跟不安。

發展遲緩是因為腦部機能出問題，無論是誰用什麼方式都是無法避免的。請媽媽一定要先了解這個事實。唯有媽媽能冷靜下來面對這個問題，孩子的狀況也才能跟著穩定下來。

並不是媽媽的錯喔！

一定是因為我不讓他跟其他小朋友玩。
是我的管教方式有問題嗎？
都怪我太寵他了。

家有發展遲緩兒童的媽媽們，在辛苦又不被諒解的情況下，真的都已經努力做到最好了。我認識很多這樣的爸爸媽媽。因此，請不要自責，而是更正面地去看待自己的辛苦付出。

面對困境時不逃避，而是要正面迎戰

發展遲緩兒童的教育，並沒有想像中的簡單。更何況，教育本來就是很花時間的工作。在教育的過程中，還是得面對大大小小的問題。因此，發展遲緩兒童的教育，不光只是遲緩部分的治療，還包括學習如何正面迎戰日常生活裡的困境。

雖然會多花點時間，但孩子一定會有所成長。就算具備的能力比不上正常孩子。但請一定要相信孩子的無限可能。每個人都能找到與發展遲緩和平共處的生活方式。

不要把責任都丟給專家！媽媽才是最好的老師。

雖然出現發展遲緩不是媽媽的錯，但能將這樣的孩子好好扶養長大的只有媽媽。

偶爾會看到想著「都進專業機構，交給專業人士就好啦」而鬆了一口氣的媽媽。是要相信專家沒錯，但醫生每天跟孩子相處的時間其實並不長。在這麼短的時間內，是沒辦法把孩子教好的。

每天跟孩子相處最久的就是媽媽。無論有沒有發展遲緩，肩負起教育孩子責任的都是媽媽。所以，大家千萬不要想說交給專家就算了。

案例 13 成為工廠優良員工的伸行

先動完心臟手術，再來接受治療吧！

唐氏症的伸行，小二時曾經來治療過一次。那時候他還不會說話，只有跟媽媽可以透過筆談互動。再加上唐氏症患者常見的心臟問題，所以伸行也必須進行手術治療。或許是因為容易感到疲憊，所以那時候的伸行看起來總是有氣無力的。

媽媽原本想讓伸行來我們這上課，但我們認為還是要先動完心臟手術比較好。所以，就跟媽媽說好等孩子康復後再過來。身體好得差不多之後，小5的伸行再次來到我們這。相較於3年前有氣無力的樣子，現在的伸行活力充沛。

進來時是由一位年輕女老師負責他認知發展方面的相關指導。雖然還是不會說話，但也沒什麼大問題，老師出的練習也都有做完。可是其實指導過程並沒有想像地順利。我是過了很長一段時間，才發現其中的問題。練習出得再難，伸行每次都能輕鬆過關。抱著「不應該是這種結果啊！」想法的我，便認真觀察了一下伸行的上課情形。這時，我才發現他其實並沒有把習題做完，只是看起來有在做而已。

唐氏症的孩子算是比較親人，跟對自己友善的大人都能和睦相處。我這樣說聽起來可能有點不客氣。不過，那時候他就這樣成功收服了那位年輕女老師，讓老師告訴自己正確答案。這樣想想，伸行其實還蠻聰明的。不過，那位年輕女老師居然也就這樣乖乖聽話，指導過程中越來越會放水。這讓伸行學會了「只要覺得煩或膩了就可以偷懶」的方法。

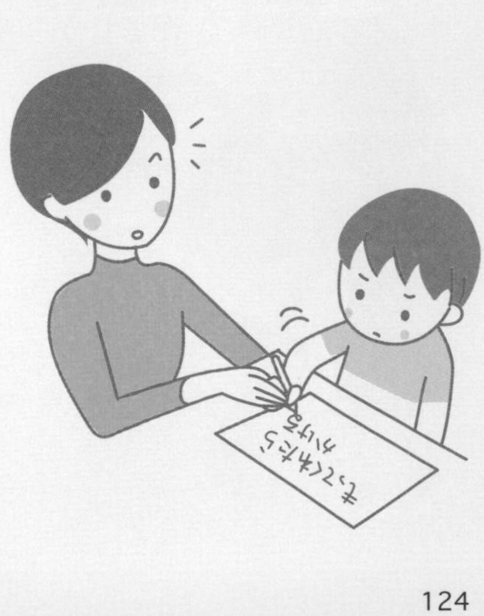

為了避免伸行耍賴偷懶，而制訂嚴厲規則

這樣下去，根本就無法提升他原本就具備的能力。為了亡羊補牢，決定由我來指導伸行，接手之後，我嚴格貫徹「花再多時間也無所謂，但必須由伸行親自來操作教具，練習時也必須認真聽從老師指示」的原則。此外，為了不再讓伸行找到機會偷懶耍賴，我也另外訂了幾條規則。因為無法再像過去那麼輕鬆，伸行越來越常發脾氣，某天連字都不寫了。因為伸行還是不說話，這樣就等於失去了唯一的溝通管道。

想說來點變化，就建議伸行「那就改寫在這張紙上」，但還是行不通。他只是呆呆握著鉛筆，沒有任何反應。在試著用各種方式跟他溝通，結果通通失敗的情況下，我問他：「你為什麼不寫？」並將手輕輕放在伸行握著鉛筆的手上。此時，伸行的手突然動了起來，寫下了「拿來就寫」這幾個字。當時我腦中浮現的是「啊！被擺了一道！」的念頭。到現在，這句話還是讓我印象非常深刻。

現在每天都在工廠上班是廠內優良員工

伸行現在每天都會到提供身心障礙者就業機會的工廠上班。不偷懶也不耍賴，非常認真地在工作。看到他努力工作的樣子，廠內的人都稱讚他是「優秀員工」。有次剛好遇到伸行的媽媽，她又再次跟我道謝。「伸行會有今天，都要感謝老師啊！因為老師您的指導，才讓伸行知道這世界上，有必須要聽從他指示的人，以及遵守那個人說的話與訂下的規則是很重要的這些道理。真的很謝謝您。」聽到媽媽的這番話後，我才知道那時候看起來沒有多大進步的伸行心中，我的指導居然占了如此重要的地位。

雖然伸行沒辦法到普通公司上班，但看到他遵守社會規則，發揮自己所長。在廠裡認真工作的樣子，無疑就是優秀社會人士。

案例 14

三年後突然回來的里香的心情

小5時來到我們這，高大又有力的女孩

里香是在小學5年級時，第一次來接受早療。里香沒有受過什麼正規教育，就讓她放牛吃草。雖然已經5年級，但文字跟數字幾乎不懂，只會用單字溝通。於是，我們立下「至少得學會寫自己名字」的目標後，就開始進行指導。

里香來到我們這之後也吃了不少苦頭。經常一臉忿忿不平的表情，遇到一點小事就會大發雷霆。雖然只是個小學女生，但身材高大又孔武有力，我根本就抓不住她。

因此，里香可以說是讓我再次體會到「越晚接受專業教育，指導起來就越困難」。

熟悉教室環境後，開始朝我發洩情緒

剛進來時，相關的教育指導，進行得都很順利。她不但學會寫自己的名字，也開始理解周遭事物的名稱。

不過，當她開始熟悉教室環境後，就開始展露自己的感情。尤其是一看到我，就直接將自己的情緒宣洩出來。很像一口氣將累積已久的能量通通爆發出來的感覺。或許是因為我對里香很用心，讓她認為「可以肆無忌憚地朝我發洩情緒。因為不管發生什麼事，我都會原諒她」。

發展遲緩兒童在熟悉了周遭環境跟老師後，緊張僵硬的表情就會跟著消失，並且開始展現自己的真實情感。不只是「喜悅」，就連「憤怒」也是自身意志的展現。因此，如果孩子將這些情緒表達出來時，我們都不會刻意阻止。只是隨著年紀的增長，我們就很難去處理孩子發洩「憤怒」情緒的方式。里

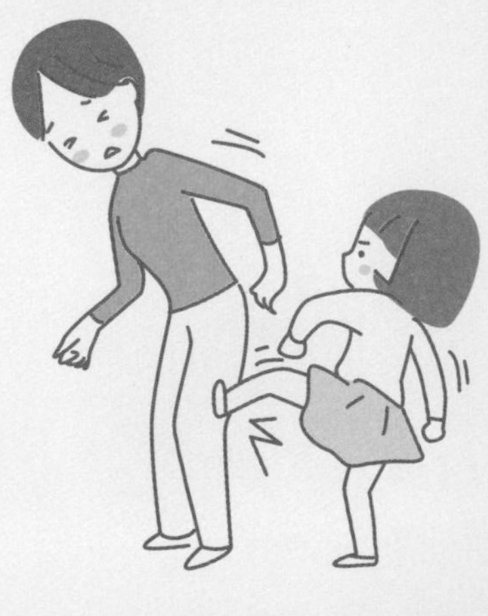

香動不動就會發洩自己的內心情緒，甚至演變成傷害他人的行為。

正式上課前，我都會跟里香確認：「今天是4月1日星期一。」但明明知道的里香卻大聲尖叫，故意回說：「才不是咧！現在是5月！」聽到我的糾正，反而讓她更加生氣。就算我無視她的挑釁，順著她的話說：「對啊！是5月！」時，她會因為自己的挑釁沒有達到預期效果，還是生氣了。每次上課都是這種感覺。

如果只是這種程度，其實也沒什麼大不了的。但里香卻慢慢出現傷害他人的行為。踢人、拉頭髮、抓臉……。讓我身上出現大大小小的傷口。也曾發生嘴裡一邊碎念著「去死吧！去死吧！」，一邊將教室的櫃子通通推倒的情況。演變到後來，光憑我一個人的力量無法應付，只好再找一個老師跟我一組共同指導。

即使大小衝突不斷，但我認為除了這裡，應該沒地方有能力收留里香了。所以，我還是盡自己最大的努力想把里香教好。

在未見改善的情況下，即將升上國中的里香，因為爸爸工作關係要搬家。雖然有接到媽媽的連絡，但卻沒機會跟里香好好說聲再見。不過，3年後的某天，里香突然一個人來找我，讓我嚇了一大跳。站在門口的里香，說了「這個」後，就塞給我一個紙箱。裡面裝的是我最後出給她的習題跟筆記。都過這麼久了，她現在才要來交作業嗎？

我告訴她：「這些都是妳的，可以自己帶回家喔！」聽懂我意思的里香，說了一聲「握手」，並伸出右手。

毫無防備伸出手的話，我應該整個人都會被拉倒。雖然有所遲疑，但看到里香真摯的眼神，想說「好吧！」的我也伸出了右手。里香便默默地回握了我的手。在那之後，里香就再也沒出現過。現在也是會想起那時里香無處可宣洩的心情。雖然盡力消除會造成嚴重障礙的原因，是很重要的一件事，但最近醫療界也正在研發抑制感情的藥物。只希望以後不要再出現像里香這樣的孩子。

案例 15

我的發展遲緩兒童教育是從智樹開始的

之所以投入發展遲緩兒童教育，都是因為智樹

智樹是我正式進入發展遲緩兒童教育這個領域後，第一個接觸到的孩子。

我跟發展遲緩兒童的緣分，要回溯到大學時代。朋友邀我一起去參加智能障礙兒童機構的義工活動。拜訪機構時，讓當時一無所知的我，最為震驚的就是那惡劣的環境，根本看不出是受教育的地方。這就是我開始關心發展遲緩兒童的瞬間。

大學畢業後，在幼兒園工作了4年。就算因為結婚離開了幼兒園，我依舊非常關心發展遲緩教育的相關發展。養兒育女的工作告一段落後，我開設了淺羽SQUARE。當時跟現在不同，根本沒有可以做為參考的相關機構。因為不知道該從發展遲緩教育的哪方面著手，於是就決定先從一般的幼兒教育開始。不過，因為我們也收發展遲緩的孩子，所以智樹才會被帶到我們這。

第一次見到智樹的瞬間，我就知道這孩子單靠我的力量是照顧不來的。雖然快3歲了，但罹患重度自閉症又過動，也不會說話，甚至無法乖乖坐在椅子上。

因此，我便一五一十地將想婉拒的理由告訴智樹媽媽。但媽媽卻回說：「只要他能坐在椅子上，您就收了嗎？」看到媽媽認真的表情，我也忍不住點頭答應。但我其實並不相信他做得到。

不過，就在媽媽的拼命努力下，一個月後只要聽到指令，智樹就能坐到椅子上。於是，媽媽又帶著智樹來到淺羽SQUARE。

儘管如此，我還是對自己沒有信心。

「我真的可以嗎？」

媽媽也像是想抓住最後一根稻

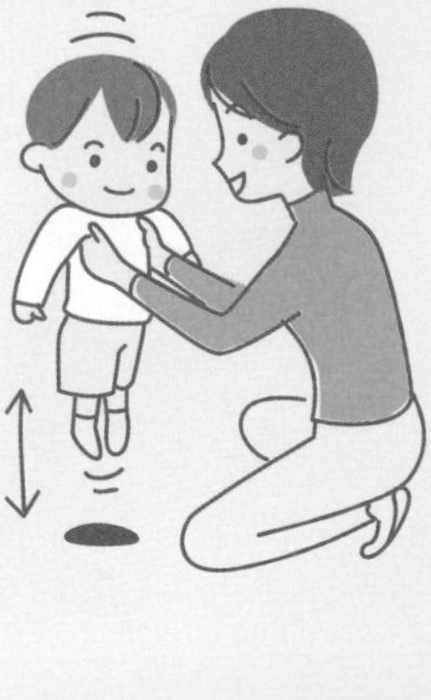

草般，拼了命想說服我。

「其它地方都不肯收，就剩下老師這了！求求您！要我做什麼都可以！請收留他吧！」

我的發展遲緩兒童教育就此展開。

雖然被說不可能，但4歲左右就能開口說話

智樹的指導是一連串錯誤嘗試所累積出來的成果。不過，現在仔細回想，淺羽SQUARE目前的指導方式，都是從這裡開始的。

當時最常做的就是原地跳躍。話雖如此，但智樹無法自行跳躍，所以一開始都是我抱著他的身體上上下下。

活動過筋骨之後，就用刺激較強的物品（有顏色的球）來吸引他的注意，讓他坐下或做些動作。只不過，因為他沒辦法立刻坐下，我就讓他再次原地跳躍動動身體。反覆練習後，坐著的時間就慢慢拉長。

3歲健檢時醫生說他應該沒辦法說話，但4歲時他已經能說出一些單字了。我認為最偉大的還是智樹媽媽。想說總之就先試試看時，媽媽的態度也很堅決，不會太寵小孩。智樹不聽話時，媽媽也會嚴厲叱責。就算智樹大哭耍賴，媽媽也不會輕易原諒他。讓他哭了一陣子之後，再問：「智樹，懂了嗎？」於是剛剛還在嚎啕大哭的智樹就止住眼淚，重新回來做習題。

雖然讓智樹認字也花了不少時間，不管孩子懂不懂，但每天就抓著智樹的手陪他學寫字。自閉症的孩子都很執著，這對智樹的學習有很大的幫助。只要開始理解之後，就連學校出的功課，智樹都會努力完成。因為死腦筋，寫不出來的話，就會熬夜到天亮。我也十分佩服智樹爸媽一直陪在孩子身邊的熱情與韌性。

自閉症的執著個性也發揮了正面效果，智樹的學力不斷成長。不但，字寫得漂亮。請他計算時的速度之快，讓人忍不住懷疑他是不是早就把正確答案背起來了。

上了國中的智樹念的不是資源班，而是普通班。進入高中就讀時，為了達到自己所設定目標努力念書，最後也考上關西赫赫有名的私立大學，原本連椅子都不會坐的自閉症孩子，現在已經是奮發向上的性格青年了。

案例 16

充滿無限可能的發展遲緩兒童

聖誕派對上的手搖鈴演奏會

「這些孩子居然都變得這麼厲害啦！」聽著唐氏症的孩子演奏出的手搖鈴曼妙旋律，讓我感觸良多。上台演奏的是10人左右的青年團體，有一半以上是我熟悉的臉龐。因為都是我教過的孩子。說是孩子，但大家都已經是20歲左右的青年。

他們在淺羽SQUARE聖誕派對上，精心設計了一場手搖鈴演奏會。據我所知，手搖鈴演奏團是其中一位成員的媽媽，邀請幾位交情不錯的媽媽一起成立的。想讓每天都在工廠認真工作的孩子培養一些不同的興趣，於是就邀請了其他媽媽帶著孩子來參加。

許多唐氏症的孩子不僅喜歡與人親近，也熱愛音樂。雖然是在媽媽的鼓勵下才來參加的，但這些孩子其實也被這手搖鈴的美妙音色深深所吸引吧！

不過，手搖鈴的演奏其實沒有想像中簡單，因此，看到這些孩子上台表演的樣子，真的讓我覺得很感動。

第一步，就是要把樂譜通通背起來。樂譜裡通通都是發展遲緩兒童最討厭的抽象符號。背好之後，就要按樂譜搖動自己負責的手搖鈴。不同的搖動方式，也會改變手搖鈴的音色。此外，不只是要正確重現自己記得的部分，還要看著指揮，配合其他人的演奏。手搖鈴根據不同音階，也分成許多不同類型。每首曲子會用到的手搖鈴也都不同。但這些問題，他們通通都克服了。

被手搖鈴深深吸引的他們，一定很認真在練習吧！我聽說媽媽們也盡其所能從旁協助。還有兩位義務幫忙的小學老師，來負責指揮跟鋼琴伴奏。因為經歷了如

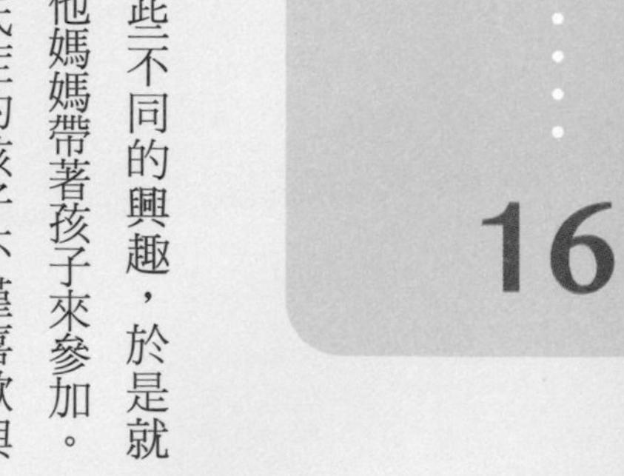

此辛苦的練習，他們才能站在舞台上演奏給大家聽。

他們還租了音樂廳來舉辦演唱會，甚至登上新聞版面。從台上每個人閃閃發亮的眼神中，我可以看出演奏是多麼開心。可以盡情享受音樂，是多麼棒的一件事啊！居然讓唐氏症的孩子都能完成這不可能的任務喔！

另一件讓我感動的事，就是孩子們參加演奏會時所展現出的態度。我其實很擔心這些孩子可能沒辦法安靜地坐到演奏會結束。畢竟我們這有無法完全理解音樂是怎麼一回事的孩子，也有過動的孩子，但萬萬沒想到大家乖乖聽到最後。曾經心存懷疑的我，必須跟孩子們說聲對不起。

只要有心，大家都可以做得很好不是嗎？無論是怎樣的孩子，都能有所成長。這次的經驗，讓我更加確認自己的想法是對的。

相信孩子的無限可能！

聖誕派對的節目，不只這一個。有一年，我還請過其他人表演魔術。重度發展遲緩的孩子，到底能不能理解原本拿在手上的撲克牌，突然消失不見的奇特之處呢？

但這一切都是我杞人憂天，就算是那些平時恆常性保存功能無法順利發揮作用的孩子，也都看得十分入迷。撲克牌消失的瞬間，大家紛紛鼓掌喝采，表演也非常成功。

我們也曾讓孩子看過人偶劇。發展遲緩兒童通常都跟不太上故事情節，很多孩子前一秒還看著繪本，但下一秒只要被其他物品吸引，就不知道故事在說些什麼了。不過，人偶劇演到最後，大家也都看得十分入迷。我們還是會舉辦各種活動，讓孩子能有實際體驗的機會。透過這些活動，有些孩子雖然平常做不到，但卻會因當下的情況發揮讓人意想不到的特殊能力。或是昨天明明還不會，但今天突然就會了。

無論是發展遲緩兒童或正常兒童，都只是個孩子而已。因此，絕對不可以一開始就認為他們做不到，剝奪他們的機會。

【結語】

了解孩子最真實的樣貌

◎淺羽珠子　淺羽SQUARE負責人

這本書的目的，是為了告訴想更進一步了解發展遲緩的讀者，該如何看待並與這些孩子互動的方法。

不過，書中提到的只是一小部分。就像光知道病名是不夠的，就算從書中找到一些線索，也並不表示就能徹底了解每天都會出現不同變化的孩子。

首先，最重要的是跟孩子互動時，就要以自己的理解並不充足為前提來進行。憑著長久以來錯誤的教育觀念，與依自身經驗所歸納出的結論，就「自以為懂」，這樣反而會阻礙孩子的成長。

如果大人從一開始顯露出「這孩子不可能啦……」的放棄態度的話，孩子立刻會有所感。就好像用心裡的那雙眼睛看穿一個人的感覺。這些孩子都很單純、直率又可愛。希望各位不要用權威式的「我教你」這種態度，而是跟孩子站在同一個高度，看著孩子的眼睛告訴他「我們一起試試看吧」！

跨越種種難關的孩子只要有機會能發揮自己的實力，就會突然展現出前所未見的驚人成長。本來只會發出「ㄚ～ㄟ～」的孩子，某天突然看到他跟朋友說話的樣子，又或者國一下學期，第一次有機會跟正常孩子一起考英文，聽力突然拿滿分等等，像這樣何時會有驚人成長，我們無法預測。

因此，我們認為最重要的就是觀察眼前這個孩子最真實的樣貌。

- **這孩子在煩惱什麼？**
- **能做什麼？不能做什麼？**
- **喜歡或是擅長什麼？**
- **為了減低孩子們在社會上生存時會遇到的「困擾」，我們該怎麼幫助他們？**

等等。

像這樣認真觀察並思考跟孩子有關的一切。先立一個「這樣做不是很好嗎？」的假設，經歷過無數失敗後，為每個孩子篩選出最合適的指導方式與課程。我認為這才是發展遲緩兒童教育實踐者該具備的精神。

・想助媽媽們一臂之力

20多年前，我為了發展遲緩的孩子成立這間「淺羽SQUARE」時，民間幾乎沒有專為發展遲緩的孩子量身打造的教育場所，所有的一切都要自行摸索。指導成效的評判標準，只有眼前的孩子。教材跟教具也都是從零開始，憑一己之力完成。

明明可以去教正常孩子，為什麼要選擇這條艱難的道路呢？

這全都是因為家長「想為孩子做些什麼」的真摯情感打動了我。尤其是剛成立時認識的媽媽們，每次看到她們為孩子奮不顧身的樣子，都讓我深受鼓舞。

發展遲緩兒童的教育是一件非常花時間的苦差事。

在身心俱疲的情況下，偶爾也會浮現想放棄一切的心情吧！

只要是人，偶爾都會出現焦躁不爽的情緒吧？

即便如此，憑藉著「想聽孩子叫我一聲媽媽」或是「只要是對孩子好的事，我都要試試看」的信念，媽媽依舊不辭辛勞地帶著孩子來上課。

我想鼓勵這樣的媽媽，並陪伴她們走完這段路。

更進一步了解發展遲緩兒童們的情緒與行動，讓媽媽知道「原來是這麼一回事啊！」，藉此減輕她們內心的壓力。這些就是鞭策我的原動力。

最後，為了能更深入瞭解發展遲緩，我現在還是會閱讀專門書籍或參加讀書會、研討會。除了本書介紹的老師外。我也受到許多老師的指導與影響，並將這些成果放進孩子的教育裡。

除此之外，這20多年來，來到淺羽ＳＱＵＡＲＥ的孩子跟媽媽們也教了我很多事。有成功，也有略帶遺憾，希望「能再多做一些什麼」的案例，也有展現出超乎想像驚人成長的孩子們。雖然一路走來經歷過許多風風雨雨，但從中學到的一切都成為現在支撐我的力量。我要藉此跟大家至上最深的感謝。

衛生福利部國民健康署補助地方政府設置之兒童發展聯合評估中心

縣市	醫院名稱	聯絡電話
臺北市	北醫學大學附設醫院	02-27372181*3538
	臺北榮民總醫院	02-28712121* 2932/2940
	國立臺灣大學醫學院附設醫院	02-23123456*70405
	台灣基督長老教會馬偕醫療財團法人馬偕紀念醫院	02-2543-3535*3051
新北市	行天宮醫療志業醫療財團法人恩主公醫院	02-26723456*3305
	佛教慈濟醫療財團法人台北慈濟醫院	02-66289779*7713
	醫療財團法人徐元智先生醫藥基金會亞東紀念醫院	02-77282297
	天主教耕莘醫療財團法人耕莘醫院	02-2219-3391*67401
	衛生福利部臺北醫院	02-22765566*1106
桃園市	衛生福利部桃園醫院	03-3699721*1203
	長庚醫療財團法人林口長庚紀念醫院	03-3281200*8147
新竹縣	東元綜合醫院	03-5527000*1617
	國立臺灣大學醫學院附設醫院竹東分院	0972-654-808
新竹市	國立臺灣大學醫學院附設醫院新竹分院	03-5326151*3523
	台灣基督長老教會馬偕醫療財團法人新竹馬偕紀念醫院	03-6119595*6040
苗栗縣	財團法人為恭紀念醫院	037-676811*53382
	大千綜合醫院	037-357125*75103
南投縣	埔基醫療財團法人埔里基督教醫院	049-2912151*2012
	竹山秀傳醫院	049-2624266*31029
臺中市	臺中榮民總醫院	04-23592525*5936
	光田醫療社團法人光田綜合醫院	04-26625111*2624
	佛教慈濟醫療財團法人台中慈濟醫院	04-36060666*4136
	中國醫藥大學兒童醫院	04-22052121*2329
彰化縣	彰化基督教醫療財團法人彰化基督教醫院	04-7238595*1164
	衛生福利部彰化醫院	04-8298686 *2041/2043

縣 市	醫 院 名 稱	聯 絡 電 話
雲林縣	國立臺灣大學醫學院附設醫院雲林分院	05-5323911*6125
	天主教若瑟醫療財團法人若瑟醫院	05-6337333*2237
嘉義市	衛生福利部嘉義醫院	05-2319090*2542
	戴德森醫療財團法人嘉義基督教醫院	05-2765041*6707
嘉義縣	佛教慈濟醫療財團法人大林慈濟醫院	05-264-8000*5773/1177
	長庚醫療財團法人嘉義長庚紀念醫院	05-362-1000*2692
臺南市	奇美醫療財團法人奇美醫院	06-2812811*55005
	國立成功大學醫學院附設醫院	06-2353535*4619
	臺南市立安南醫院 委託中國醫藥大學興建經營	06-3553111*1236
高雄市	高雄榮民總醫院	07-3422121*5017
	長庚醫療財團法人高雄長庚紀念醫院	07-7317123*8167
	財團法人私立高雄醫學大學附設 中和紀念醫院	07-3121101*6468
	義大醫療財團法人義大醫院	07-6150011*5751
屏東縣	屏基醫療財團法人屏東基督教醫院	08-7368686*2417
	安泰醫療社團法人安泰醫院	08-8329966*2012
基隆市	衛生福利部基隆醫院	02-2429-2525*3518
宜蘭縣	財團法人天主教靈醫會羅東聖母醫院	03-954-4106*6516
	國立陽明大學附設醫院	03-9325192*73281
	醫療財團法人羅許基金會羅東博愛醫院	03-9543131*3303
花蓮縣	佛教慈濟醫療財團法人花蓮慈濟醫院	03-8561825*12311
	臺灣基督教門諾會醫療財團法人門諾醫院	03-8241240
臺東縣	台灣基督長老教會馬偕醫療財團法人 台東馬偕紀念醫院	089-351642
	東基醫療財團法人台東基督教醫院	089-960115
澎湖縣	財團法人天主教靈醫會惠民醫院	06-9272318*120
金門縣	衛生福利部金門醫院	082-331960
連江縣	連江縣立醫院	0836-23995*1316

資料來源：衛生福利部國民健康署
https://www.hpa.gov.tw/Pages/Detail.aspx?nodeid=148&pid=548

相關網站資源

衛生福利部國民健康署：健康九九網站－與自閉症特質同行

http://health99.hpa.gov.tw/educZone/edu_detail.aspx?CatId=21917&Type=002&kind=Sub

中華民國自閉症基金會

http://www.fact.org.tw/

兒童青少年精神醫學會

http://www.tscap.org.tw/TW/home/Default.asp

ADHD 注意力不足過動症資料網

http://www.adhd.club.tw/

財團法人台北市自閉兒社會福利基金會

http://www.ican.org.tw/

第一社會福利基金會

https://www.diyi.org.tw/

中華民國自閉症總會

http://www.autism.org.tw/modules/news/

教育部特殊教育通報網

https://www.set.edu.tw/

全國特殊教育資訊網

https://special.moe.gov.tw/index.php

各縣市早療通報轉介中心

https://system.sfaa.gov.tw/cecm/resourceView/detail2?qtype1=1&qtype2=4

好家教系列 SH0157

圖解 ASD亞斯伯格ADHD學習障礙正向教養

——穩定孩子的情緒，提升生活自理能力

作　　者／淺羽珠子
審　　定／翁菁菁
翻　　譯／王薇婷
插　　畫／加藤直美
選　　書／梁瀞文
責任編輯／梁瀞文

行銷經理／王維君
業務經理／羅越華
總 編 輯／林小鈴
發 行 人／何飛鵬
出　　版／原水文化
台北市南港區昆陽街16號4樓
電話：02-2500-7008　傳眞：02-2502-7676
網址：http://citeh2o.pixnet.net/blog E-mail：H2O@cite.com.tw
發　　行／英屬蓋曼群島商家庭傳媒股份有限公司城邦分公司
台北市南港區昆陽街16號5樓
書虫客服服務專線：02-25007718；02-25007719
24小時傳眞專線：02-25001990；02-25001991
服務時間：週一至週五上午09:30-12:00；下午13:30-17:00
讀者服務信箱E-mail：service@readingclub.com.tw
劃撥帳號／19863813；戶名：書虫股份有限公司
香港發行／香港灣仔駱克道193號東超商業中心1樓
電話：852-2508-6231　傳眞：852-2578-9337
電郵：hkcite@biznetvigator.com
馬新發行／城邦（馬新）出版集團
41, Jalan Radin Anum, Bandar Baru Sri Petaling,
57000 Kuala Lumpur, Malaysia.
電話：603-9057-8822　傳眞：603-9057-6622
電郵：cite@cite.com.my

美術設計／鄭子瑀
製版印刷／卡樂彩色製版印刷有限公司

初　　版／2019年9月19日
初版6刷／2024年6月21日
定　　價／400元
978-986-5752-81-1

Hattatsushogai no kodomoto Tsukiau Hon

Originally published in Japan by Shufunotomo Co., Ltd
Translation rights arranged with Shufunotomo Co., Ltd.
Through Future View Technology Ltd.

國家圖書館出版品預行編目資料

圖解 ASD、亞斯伯格、ADHD、學習障礙 正向教養
/ 淺羽珠子著；王薇婷譯 . -- 初版 . -- 臺北市：
新手父母出版：家庭傳媒城邦分公司發行 , 2019.09
面； 公分 . -- (好家教系列；SH0157)
譯自：**発達障害の子どもとつき合う本**
ISBN 978-986-5752-81-1(平裝)

1. 特殊兒童教育 2. 學習遲緩 3. 學習障礙

529.6 108013216